자신이 성공하는 내면의 그림을
마음속에 명확히 그리고 지울 수 없게 각인시켜라.
이 그림을 끈질기게 간직하라. 절대 희미지도록 내버려두지 마라.
그대의 마음이 이 그림을 실현하기 위해 노력할 것이다.
당신의 상상 속에 어떠한 장애물도 두지 마라.

노먼 빈센트 필

함께 있는 사람들보다 학식이 높아 보이지 마라.
당신의 학식을 회중시계마냥 주머니 속에 감춰라.
단지 시간을 세기 위해 시계를 꺼내지 마라.
누군가 시간을 물어보면 알려 줘라.

체스터필드 경

두려움이란 질문이다.
무엇이, 왜 두려운가? 질병 속에 정보가 담겨 있어서
건강의 씨앗을 찾을 수 있는 것처럼,
두려움을 자세히 살펴보면 자신에 대해 알 수 있는
정보의 보물 창고이다.
마릴린 퍼거슨

인간은 운명의 포로가 아니라
단지 자기 마음의 포로일 뿐이다.
프랭클린 D. 루스벨트

Original Title: 最实用的趣味心理学
Text by: 王莉
Copyright © Beijing AoLiKe Tushu Co., Ltd. 2013
All rights reserved.
The Korean Language translation © 2022 DAVINCIHOUSE Co.,LTD.
The Korean translation rights arranged with Beijing AoLiKe Tushu Co., Ltd. through
EntersKorea Co., Ltd.

나 혼자만 알고 싶은
실전 심리학

나 혼자만 알고 싶은
실전 심리학

펴낸날 2022년 11월 30일 1판 1쇄

지은이_왕리
옮긴이_김정자
펴낸이_김영선
책임교정_이교숙
교정교열_정아영, 나지원, 남은영, 이라야
경영지원_최은정
일러스트_다즈랩
디자인_바이텍스트
마케팅_신용천

펴낸곳 (주)다빈치하우스-미디어숲
주소 경기도 고양시 일산서구 고양대로632번길 60, 207호
전화 (02) 323-7234
팩스 (02) 323-0253
홈페이지 www.mfbook.co.kr
이메일 dhhard@naver.com (원고투고)
출판등록번호 제 2-2767호

값 16,800원
ISBN 979-11-5874-170-9(03180)

나 혼자만 알고 싶은
실전 심리학

왕리 지음
김정자 옮김

사람들의
속마음을
거울처럼
들여다본다

미디어숲

알아두면 요긴한
심리의 세계

당신은 오늘 소개팅을 제안받았습니다. 늘 혼밥, 혼술하는 것도 지겨웠던 차에 아주 반가운 소식이었죠. 지인은 먼저 소개팅할 사람의 SNS 계정을 알려주었습니다. 여러 장의 사진을 살펴보니 기가 막힌 미인은 아니었지만 선한 웃음이 매력적이었습니다. 어쨌든 만나서 이야기를 나눠 보는 것도 나쁘지 않을 것 같았죠. 만약 그다지 마음에 들지 않는다면 여사친으로 지내다 다른 사람을 소개시켜 달라고 해도 괜찮을 겁니다. 어쨌든 이래저래 심심하던 차에 잘됐습니다.

그런데 소개팅 하루 전날, 그녀에게서 전화가 걸려왔습니다. 상상만 했던 여성의 목소리가 너무 매력적입니다. 순간, 무조건 만나야겠다는 생각이 듭니다. 그리고 어떤 사람일까 궁금증이 폭발하기 직전입니다. 사진상의 모습에는 그다지 훅! 끌리지 않던 마음이 갑자기 당장이라도 만나고 싶어 안달이 난 이유는 무엇일까요? 목소리 때문입니다. 예쁜 목소리의 주인공이 나를 만나고 싶어 한다는 정보가 머릿속을 휘저으며 상상력을 자극했기 때문이죠.

'저렇게 나긋나긋한 목소리로 무슨 대화를 하면 좋을까? 웃음소리도 예쁜 걸 봐서는 웃을 때도 무척이나 귀엽겠지?'

머릿속은 이제 선을 넘어 쓸데없는 상상, 아니 망상까지 더해집니다. 어느새 그녀와 연인이 되고 여행을 다니고 커플링을 맞추고 결혼까지 약속합니다. 이런, 단지 몇 시간 만에 나는 아직 만나보지도 못한 여자와 사랑에 빠져버리고 말았습니다!

우리가 이렇게 순식간에 낯선 여인과 사랑에 빠지는 이유는 무엇일까요? 외모 때문일까요, 목소리 때문일까요? 그렇다면 사랑에 빠지는 데는 얼마나 걸릴까요? 그리고 어렵게 시작한 사랑을 오랫동안 유지하려면 어떻게 해야 할까요? 평범한 연인 사이에서

'이 사람과 결혼을 하고 싶다'라는 마음이 들게 되는 기준은 어떤 것이 있을까요?

오래전부터 저는 이런 심리와 행동에 흥미를 느끼고 연구를 시작했습니다. 대학에서 심리학을 공부할 때는 친구와 동성애자로 가장하고 연구를 하기도 했죠. 당시 가장 잘나가는 동성애자 클럽에도 여러 번 방문했습니다. 취재차 한 짧은 경험이었지만 그로 인해 저는 흥미로우면서 요긴한 심리학 세계에 빠져들게 되었습니다.

이 밖에도 인간의 심리에 관한 궁금증은 끝도 없이 많습니다.

거절당했을 때 손을 씻으면 기분이 좋아진다?

승진하는 비결이 있을까?

사랑에 빠지는 데는 얼마나 걸릴까?

사람들은 왜 복수에 열광할까?

남성과 여성 중 누가 더 바람기가 있을까?

부자와 가난한 사람 중 누가 더 관대할까?

만약 여러분이 이런 문제에 호기심과 흥미를 느껴본 적은 많지만 정작 속 시원한 답을 찾지 못했다면 제대로 찾아오신 겁니다. 이 책은 고구마 100개는 삶아 먹은 듯이 답답했던 심리에 대한 체증을 한방에 날려 버릴 이야기를 담고 있습니다.

지금부터 심리학 세계의 문이 열릴 겁니다. 주저 말고 뛰어드시기 바랍니다.

요긴한 심리학 여행, 출발합니다!

저자 왕리

PART 2

정글 같은 직장에서 살아남기
직장의 심리학

PART 3

이성의 마음을 사로잡는 기술
연애의 심리학

PART 4

몸의 단서로 상대를 꿰뚫어 본다
행동의 심리학

PART 5

외모가 말해 주는 비밀
외모의 심리학

마음에 따라 사람의
모든 기관은 좌우되고 있다.
마음은 보고, 걷고,
굳고, 부드러워지고, 기뻐하고, 슬퍼하고,
화내고, 두려워하고, 거만해지고,
사랑하고, 미워하고, 부러워하고,
사색하고, 질투하고, 반성한다.
그러므로
세상에서 가장 강한 인간은
자기의 마음을 통제할 수 있는 인간이다.
탈무드

PART 1

후회 없는 결정, 나도 할 수 있다
결정의 심리학

무의식이
나를 지배한다

문득 동료의 책상을 보니 못 보던 서류뭉치들이 한가득이다. '새로운 프로젝트인가? 왜 나는 지시를 못 받았지?' 순간 소외감과 경쟁심이 발동한다. 우연히 들어간 카페에 명화들이 잔뜩 걸려 있다. 평소 같았으면 수다를 떨며 보냈을 텐데 왠지 미술관에 온 것 같아 목소리를 낮추게 된다. 오늘 누가 세탁기를 돌렸나? 미세한 세제 냄새가 어디선가 풍긴다. 순간, 지저분한 책상이 눈에 걸리고 나도 모르게 정리를 하고 있다.

이런 경험 한번쯤 해 봤을 것이다. 이는 사람들이 알게 모르게 말을 하거나 행동을 할 때 사소한 것들로부터 영향을 받고 있음을 보여준다.

많은 사람이 목표달성을 위해 의식적으로 행동하지만 때로는 자신도 모르게 무의식적으로 행동하는 경우도 많다. 연구에 따르면, 우리의 행동과 결정은 무의식의 영향을 받으며 무의식은 내가 처한 상황의 감정에 따라 좌우된다고 한다.

네덜란드 위트레흐트 대학교 심리학과 루드 쿠스터스^{Ruud} ^{Custers} 교수 연구팀은 학생들에게 컴퓨터 모니터에 '크로스워드 퍼즐', '칠교놀이' 등 수수께끼와 관련된 단어를 보여 주었다. 그러면서 때때로 모니터에 무의식적으로만 알아챌 수 있는 단어들을 깜빡거리게 했다. '해변', '친구', '가정' 등 긍정적인 단어들이었다.

그러고 난 뒤 학생들은 흩어진 퍼즐을 맞추는데, 그 결과 긍정적인 단어를 본 사람이 더 즐겁게, 더 열심히 참여했다. 이를 '서브리미널 효과^{subliminal effect}'라 부른다. 서브리미널은 '잠재의식'을 뜻하는 말로, '서브리미널 효과'는 의식적으로 알아차리기 어려울 정도의 짧은 순간에 자극을 노출하여 사람들에게 영향을 미치는 것을 말한다.

이것이 무의식의 강력한 힘이다. 이처럼 알 수 없는 외부의 자극이 우리의 행동과 생각에 영향을 미친다. 연구 결과, 눈앞에서 '간호사'와 같이 배려와 관련된 단어나 사랑하는 사람의 이름이 깜빡거리면, 타인에게 더 우호적인 태도를 보였다.

배고픈 판사는 왜 더 엄중한 처벌을 내릴까?

가장 객관적이고 공정해야 할 사법 재판에서도 사람은 무의식의 영향을 받는다. 컬럼비아 대학교의 조나단 레바브Jonathan Levav 교수 연구팀은 50일간 이스라엘 수용소 4곳에서 범죄자 가석방 관련 청원 승인에 대한 판사의 결정을 분석했다. 매일 두 번씩 휴식 시간(오전 간식 시간과 점심 식사)을 가지며 재판의 결과를 기록했는데, 이때 휴식 시간을 앞두었을 때(스트레스 고조)는 범죄자에게 유리한 재판의 비율이 65%에서 0%로 감소했고, 휴식 시간을 가진 뒤에는 다시 65%로 회복되었다. 휴식을 취한 판사는 다소 마음이 편안해져 무의식적으로 다소 너그러운 판결을 하게 된다. 반면 휴식 시간을 갖지 못하고 계속 재판만 한 경우에는 대뇌 에너지를 소모하게 되다 보니 다소 깐깐한 판결을 하는 경향을 보인다.

이러한 심리는 유능한 영업사원들이 자주 사용하는 방법이다. 먼저 고객에게 저가이면서 품질이 낮은 많은 상품을 보여 주고 마지막으로 가격은 좀 비싸지만 우수한 품질의 상품을 추천한다. 그러면 앞서 본 상품들 때문에 많은 에너지를 소모해 지쳐버린 소비자는 마지막에 본 상품을 선택할 가능성이 크다. 이는 사람들의 쇼핑 습관과도 관련 있다. 사람이 북적거리는 좁은 상점에서는 원하는 상품을 고르기 힘들기 때문에 별로 필요도 없는 상품을 손에 잡히는 대로 구매하는 경향이 있다.

무너지지 않는 편견의 벽

무의식의 영향을 받으면 '편견'도 심해진다. 사람은 누구나 공정하고 정직한 사람이 되고 싶어 한다. 하지만 많은 사람이 자신의 마음속에 자리 잡은 편견을 깨닫지 못한다. 우리가 약국에서 작은 혜택을 받으면, 자신도 모르게 선물을 준 약국을 선택하게 되는 것과 같다. 영국에서는 의학 잡지에 논문을 발표하려면 먼저 영리 기구의 자금 협조를 받았는지를 밝혀야 한다. 연구원이 무의식적으로 자금 협조를 받은 기업에 유리한 연구를 했을 가능성을 차단하기 위해서다.

스포츠 경기 역시 주최 측에게 유리한 경우가 많다. 가장 공정한 심판이라 해도 무의식적으로 주최 측 선수를 편애하게 되기 때문이다.

차별도 무의식의 영향을 받는 편견의 다른 모습이다. 하루가 다르게 다원화, 개방화되어 가는 사회에서 각종 편견과 차별에 대한 토론도 점차 활발해져 가고 있다. 단, 이런 차별행위를 어떻게 없애야 하는지 도론하기 선에 우선 차별이 어떻게 형성되는지를 알아야 한다.

캘리포니아 대학교의 매슈 리버먼Matthew Lieberman은 뇌 촬영을 통해 백인이든 아프리카계 미국인이든 흑인에 대한 반감 정서가 무의식적으로 학습되었다는 사실을 밝혔다.

실험에서 연구원은 백인과 아프리카계 미국인 그룹이 함께 세 가지 임무를 수행하도록 했다. 우선 백인과 아프리카계 미국인 그룹에게 사진을 인종에 따라 배치하게 한다. 이후 사진에 '아프리카계 미국인'이나 '백인'이라는 단어를 배치한다. 그리고 사진을 다양한 형식으로 배치해 보도록 했다. 그 결과, 두 그룹 다 흑인 사진을 배치할 때 대뇌의 두려움과 위험을 감지하는 부분이 활성화되었다.

리버먼은 뿌리 깊은 문화적 암시 학습이 흑인과 두려움을 하나로 연결했다고 밝혔다. 우리는 차별에 대한 지식이 부족하고 그것이 형성된 원인과 결과를 통제하지 못해 무의식적으로 행동하는 것이다.

지역 차별도 인종 차별과 비슷하다. 사람들은 특정 지역 사람이 비도덕적인 일을 많이 저지른다고 생각한다. 이는 무의식적으로 그 지역 사람을 배척하게 만들며, 자기 생각이 틀리지 않았음을 증명하기 위해 온갖 근거를 찾게 한다. 결국 이런 특정 지역에 대한 배척은 지역 차별로 이어진다.

부정적인 정보는 편견을 만드는 중요한 원인이 된다. 예를 들어 공포와 부도덕은 혐오를 만들고, 이런 혐오는 점점 차별의식을 이끌어낸다. 편견과 차별을 없애기 어려운 이유는 사람들이 생각을 바꾸는 것보다 자신의 견해를 유지하는 데 더 많은 에너지를 쏟기 때문이다. 미국의 한 대법관의 말처럼 고지식한 사람을 가르치는 일은 저절로 감기는 눈에 빛을 비춰 억지로 뜨게 만드는 일만큼 힘들다.

연구에 따르면, 편견과 차별이 심한 사람일수록 자기 생각과 다른 정보에 관심이 많으며, 자신의 편견과 정보의 불일치를 억지로라도 끼워맞추려 노력한다.

차별을 완전히 제거하는 것은 어려운 일이지만, 다행인 점은 분노, 초조, 피로, 긴장을 느끼거나 안전이 위협당하거나 정서가 메말랐을 때만 차별 행위가 발현한다는 사실이다. 평소에는 다른 종교나 문화에 비교적 관용적인 편이다. 따라서 경쟁과 갈등을 피하고 서로 연대하고 협력하면 편견을 줄일 수 있다.

은유가 무의식을 건드린다

은유는 무의식적인 행동의 표현 방식이다. 그러므로 은유가 사람들의 결정에 영향을 미친다는 것을 증명할 수 있다면, 무의식이 사람들의 결정을 통제한다고 말할 수 있다. 예일 대학교의 심리학자 존 바그John Bargh는 논문에서 업무 중 어떤 결정을 내리기 전에 무거운 물건을 들면, 선택해야 할 일이 더 중요하게 느껴진다고 주장했다. 또한 어려운 수수께끼를 풀면 앞으로 닥칠 사회생활이 어렵게 느껴지며, 단단한 물건은 사람을 융통성 없게 만든다고 밝혔다. 예를 들면, 딱딱한 의자에 앉은 사람은 가격 흥정을 할 때 원하는 가격으로 살 때까지 뜻을 굽히지 않으므로 부드러운 의자에 앉은 사람보다 싼값에 물건을 살 수 있다.

이처럼 기본적인 신체 감각은 사람들의 사회인지 방식에 영향을 미치며, 의식하지 못한다 해도 우리의 생각과 결정에 영향을 미친다.

사람들이 현실 생활에서 문제를 해결하는 데 은유를 어떻게 사용하는지 연구하기 위해 스탠퍼드 대학교의 심리학자 레라 보로디츠키Lera Boroditsky 연구팀은 다섯 개의 실험을 진행했다.

첫 번째 실험에서 연구원은 대학생 두 그룹에게 에디슨시에서 범죄가 급속도로 증가하고 있다는 내용의 글을 읽게 했다. 이때 글은 다음 두 가지 버전으로 작성되었다.

• 야수가 먹이를 낚아채듯이 바이러스가 도시를 짓밟고 있다.

• 바이러스가 퍼져 나가듯이 범죄가 사회 곳곳에 위험을 퍼뜨리고 있다.

그런 다음 두 문장을 학생들에게 위법행위를 처리하기 위해 어떤 조치를 해야 좋은지 의견을 제시하고, 글 속의 문장 중 자신의 생각에 가장 많은 영향을 미친 단어를 고르라고 했다.

그 결과, '야수' 버전의 글을 읽은 학생의 74%는 방위군을 파견하거나 감옥 시설을 늘리는 등 강경한 방법을 사용해야 한다고 주장했고, '바이러스' 버전의 글을 읽은 학생의 44%는 청소년 교육을 강화하고, 경제를 활성화해야 한다는 등 유연한 방법을 사용해야 한다고 밝혔다.

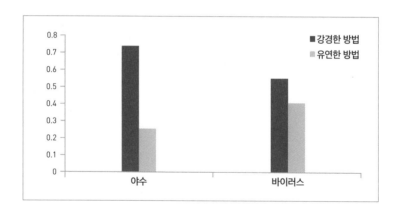

재밌는 사실은 '야수'와 '바이러스' 버전의 글을 읽은 학생 중 3%만이 표면적인 문장이나 은유에 영향을 받지 않았다고 답했다

는 점이다. 연구 결과, 은유의 효과는 정치 이데올로기의 효과보다 두 배나 더 높았다.

또 다른 실험에서는 하나의 모니터를 보여 주고, 의견을 제시할 필요 없이 버튼만 누르면 선택할 수 있게 했는데 두 번째 실험도 첫 번째와 비슷하게 진행되었다. 단지 직접 '야수'와 '바이러스'라는 단어만 사용하고 범죄에 대한 생동적인 묘사는 하지 않았다. 그 결과, 범죄의 이미지를 묘사했을 때보다 유연한 해결책에 찬성하는 비율이 2~3% 더 높았다.

마지막 실험에서는 위법행위를 처리하는 방법에 대해서 먼저 이야기한 뒤, 과거에는 아름다웠지만 이제는 범죄가 급증한 도시의 모습을 보여 주었다. 그다음에는 순서를 바꿔 보았다.

그 결과, 순서에 상관없이 유연한 해결책을 선택한 비율이 압도적으로 많았다. 특히 아름다운 도시가 점점 범죄자들의 소굴로 변해 가는 모습을 볼 때, 즉 이미지를 통한 은유를 보았을 때 언어의 은유를 사용했던 첫 번째 실험과는 완전히 다른 결과를 보였다.

생각이 많을수록
만족도가 떨어진다

세제를 고를 때 어떤 브랜드를 살지 오래 고민하는 사람은 별로 없다. 집에 갈 때 버스를 탈지 지하철을 탈지 생각하는 것도 마찬 가지다. 하지만 휴대전화를 사야 할 때는 다르다. 당신은 이전에 사용했던 브랜드는 사고 싶지 않고 아이폰을 사고 싶다. 그런데 새로운 모델이 출시될 거라는 소식이 들려온다. 최신 모델이 나온 다는 걸 보니 현재 팔리고 있는 모델의 가격이 본격적으로 내려갈 지도 모른다는 생각이 들어 망설이게 된다.

중요한 결정을 내려야 할 때는 항상 이런 심리가 작용한다. 전 기차를 사야 할까, 내연차를 사야 할까? 부동산을 살 때도 급매물 아파트가 싸다는 생각을 하면서도 나중에 집값이 반 토막 나는 건 아닌지 걱정한다.

생각이 많으면 최악의 선택을 한다

살다 보면 선택의 문제는 언제나 존재하며 결코 피할 수 없다. 특히 사람들은 중요한 일을 결정해야 할 때 매우 힘들어하며 잘못된 결정을 할까 봐 두려워한다. 결정을 내리기 어려운 이유는 결정이 초래할 결과 때문이다. 물건을 살 때 비슷한 상품을 몇 번이나 비교한 끝에 골랐는데도 만족스럽지 못했던 경험은 누구에게나 있다. 특히 비싼 물건을 선택할 때 더욱 그렇다.

암스테르담 대학교의 심리학자 압 데익스테르후이스Ap Dijksterhuis는 결정을 내리기 전에 반복적으로 고민한다고 해서 반드시 만족스러운 결과를 얻는 것은 아니라고 말했다.

그는 실험에서 대학생을 두 그룹으로 나누고 작게는 샴푸에서 크게는 가구, 자동차에 이르기까지 동일한 상품 정보를 주고 구매할 물건을 선택하게 했다.

첫 번째 그룹은 상품 정보를 자세히 분석하고 일정 시간 동안 생각한 뒤 최종 결정을 내렸다. 두 번째 그룹은 상품 정보를 보고 잠시 쉬면서 간단한 게임을 즐긴 뒤에 신속하게 최종 결정을 내렸다.

실험 결과, 첫 번째 그룹은 일상용품을 구매할 때는 다양한 브랜드와 성능을 자세히 비교한 뒤 결정을 했으므로 최종 선택에 비교적 만족했다. 하지만 가구와 자동차 등 고가의 상품을 구매할 때는 후회하는 사람이 많았다. 두 번째 그룹은 예상외로 후회하는 사람이 적었다. 이처럼 가벼운 결정을 내릴 때는 이성적인 사고가 만족도를 높여 주지만, 중요한 결정을 내릴 때는 휴식을 취한 뒤에 직관적으로 빠르게 결정하는 것이 후회를 남기지 않았다.

복잡한 결정은 다양한 요소를 고려해야 하므로 에너지 소모가 많아 머리가 둔해진다. 그렇게 되면 단기적인 이익과 같이, 생각하기 쉬운 한 가지나 몇 가지 측면만 고려하기 때문에 최적의 선택을 할 수 없게 된다.

결혼을 결정할 때도 이와 비슷한 현상이 나타난다. 지나치게 이성적인 사고는 사람을 피곤하게 만든다. 피곤해지면 눈앞에 있는 물건을 쉽게 고르는 것처럼, 눈앞의 이익에 따라 결혼 상대를 선택하게 되는 것이다. 반면에 자연스러운 상태에서 결정을 할 때는 생각할 에너지가 충분하고 장점과 단점에 대한 전면적인 비교를 할 수 있어서 심사숙고할 때보다 훨씬 더 좋은 결과를 얻을 수 있다.

합리적 이성도 실수를 한다

미국 노스웨스턴 대학교 심리학과 켄 팔러Ken Paller 교수는 실험을 통해 때로는 직관에 의한 결정이 올바른 결정을 내리는 데 더 유리하다는 사실을 입증했다.

그는 먼저 실험 지원자를 두 그룹을 나눈 후 컴퓨터 모니터에 빠르게 지나가는 12가지 색의 변화를 관찰하게 했다. 이때 A그룹은 화면의 변화에 집중하게 하고, B그룹은 컴퓨터 모니터에서 주의력을 분산시킨 후 이전 화면에서 보았던 그림을 선택하게 했다. 그 결과, 집중해서 화면의 변화를 관찰한 학생들은 결과가 좋지 않았지만, 주의력을 분산시킨 학생은 정확한 화면을 선택했다.

이는 사람이 결정을 내려야 하는 순간, 대뇌는 심사숙고하는 것보다는 직관을 더 신뢰한다는 사실을 말해 준다. 직관이라고 하는 것은 다양한 경험과 기억에 대한 무의식적인 생각이 어우러져 형성된 결과다.

이런 무의식적인 기억은 범죄 사건 판별에 사용되기도 한다. 팔러 교수는 연구를 통해 '목격자가 증인을 지목하는 행위'와 '용의자의 자백'이 모두 의심 없이 믿을 수만은 없다고 밝혔다. 특히 경찰관의 잘못된 유도는 '거짓 기억'을 만들어낼 수도 있다. 사건이 발생했는지 기억하는 것은 그 사건이 발생했다고 상상하는 것과 본질적으로 같다. 만약 누군가 몇 년 전 일에 대해 물어보면 당신은 그 일이 실제로 있었던 건지, 아니면 상상이 덧입혀졌는지

헷갈린다. 당신에게 과거 어떤 사건이 일어났는지의 여부를 물어 보면 당신은 눈알을 굴리며 그 사건에 몰두하게 된다. 하지만 아무래도 너무 오래된 일이라 기억이 희미하다고 하면, 그 사건이 일어났다고 믿을 때까지 다시 생각해 보라고 할 것이다. 이때 기억은 왜곡이 된다.

1995년 독일의 한 작가는 어린 시절 나치의 만행을 직접 목격하고 스웨덴군에 의해 구조된 이후 그 실화를 바탕으로 책을 썼다. 당시 그 책은 큰 호평을 받았고 수상의 영광도 누렸다. 그런데 몇 년 뒤 작가는 책의 내용이 잘못된 기억이었다고 고백하는 바람에 화제가 되었다. 잘못된 기억이 이성적인 추억과 더해져 잘못된 판단을 내리게 한 것이었다.

복잡한 상황에서는 직관을 믿어라

런던대학교의 심리학자 리자오핑 연구팀은 직관적인 판단의 중요성을 증명하는 실험을 진행했다. 연구원은 지원자들에게 660개의 동일한 부호로 가득한 모니터에서 하나의 변형된 부호를 찾으라고 했다. 그러고는 눈의 움직임을 추적하기 위해 고속 카메라를 설치하고 관찰했다.

그 결과, 지원자가 무의식적인 판단에 의존하게 했을 때 가장 좋은 결과를 얻었다. 목표 관찰 시간이 1초 미만일 때 정확도는

95%였고, 1초 이상일 때 정확도는 70%였으며, 4초 이상일 때 보통 정상적인 수준의 의식적 판단을 하면서 정확도는 떨어졌다.

복잡한 상황에서 직관적인 판단이 더 정확한 이유는 대뇌가 무의식 상태에서 변형된 부호와 다른 부호의 다른 점을 식별하기 때문이다.

하지만 사람들은 단순한 상황에서는 자연스럽게 무의식적으로 생각하지만, 복잡한 상황에 직면하면 의식적인 사고를 한다.

두 명의 자국인을 보면 자연스럽게 두 사람의 다른 점을 찾게 되지만, 두 명의 미국인을 보면 우선 두 사람이 같은 사람인지 아닌지를 의식적으로 판단하게 되는 것과 같다. 우리 눈에는 외국인이 모두 비슷해 보이기 때문이다.

중요한 결정을 할 때마다 심사숙고하지 말고 직관을 따라야 한다는 말은 아니다. 복잡하고 중요한 문제 앞에서 이성적 생각 없이는 정확한 판단을 내리기 어렵다. 하지만 목표를 세울 때 머릿속에서 즉각적으로 튀어나오는 직관은 정확할 때가 많다. 일단 목표가 정해지면 결과에 관계없이 무의식이 계속 영향을 미치기 때문이다.

코넬 대학교 심리학과 멜리사 퍼거슨Melissa Ferguson 교수는 듀크 대학교 및 캐나다 동료와 무의식이 개인의 목표와 관련된 것들에 어떻게 반응하는지를 밝혔다. 예를 들어 배고픔과 갈증과 같은 기본 욕구가 생기면 무의식은 자신의 욕구에 충족되는 사물부터 선택하게 된다. 목이 마른 사람은 정수기나 음료수를 먼저 찾게 되며 초콜릿이나 패스트푸드점 간판은 눈에 잘 들어오지 않는다. 그리고 물을 마시고 나면 정수기와 음료수는 우선순위에서 제외된다.

어떤 물건을 찾을 때 입으로 그 물건을 계속 중얼거려보자. 리모컨, 리모컨, 리모컨…. 또는 열쇠, 열쇠, 열쇠…. 그러면 좀 더 쉽게 물건을 찾을 수 있을 것이다. 중얼거리는 행위가 무의식적으로 물건을 찾는 방향으로 주의력을 전환해 주기 때문이다.

화를 내면 판단력이 좋아진다

직관이 판단을 내리는 데 도움이 된다는 또 다른 증거는 화가 났을 때 결정을 하면 그 결과가 훨씬 좋아진다는 사실이다. 일반적으로 화를 내면 이성을 잃어 판단력이 떨어진다고 생각한다. 하지만 화가 나면 판단력은 더욱 뚜렷해지며, 분노는 논리적인 판단력이 부족한 사람을 이성적으로 만들어 준다.

화만 적절히 다스릴 수 있다면, 사람들의 생각을 왜곡하지 않고 결정을 내리는 데 도움이 된다. 화가 난 사람은 실제 상황에 더 집중하게 되고, 분석하는 데 방해되는 요소들은 무시해 버리기 때문이다. 또한 자신이 가진 모든 역량을 바른 행동을 하도록 유도하는 데 사용하여 판단력을 향상시킨다.

런던대학교 심리학과 탈리 샤롯Tali Sharot 교수와 동료들의 연구는 이러한 사실을 증명했다. 스트레스를 느끼는 상황과 스트레스를 느끼지 않는 상황에서 '정보종합능력'이 어떻게 다른지 비교하는 연구를 진행한 적이 있다.

지원자를 두 그룹으로 나누고 한 그룹에는 실험이 끝난 후 공개 강연(스트레스군)을 해야 한다고 통보하고, 다른 그룹에는 그 사실을 알리지 않는다(비스트레스군). 이후 지원자들에게 강도 사건이 자신에게 일어날 확률을 예측해 보게 했다. 그리고 얼마 후 영국에서 강도 사건이 일어날 확률이 몇 프로인지를 알려 준 다음, 다시 자신에게 강도 사건이 일어날 확률을 재평가하게 했다.

그 결과, 실험 후 공개 강연을 해야 한다고 통보받은 실험 참가자(스트레스군)는 특정 사건이 영국에서 발생한 확률을 토대로 자신의 예측을 조정했다. 하지만 통보를 받지 못한 실험 참가자(비스트레스군)는 자신에게 나쁜 일이 발생할 확률을 더 높게 평가했다.

이 연구를 통해 사람들은 스트레스를 받으면 조금 더 이성적으로 판단한다는 것을 알 수 있다.

결정을 잘하기 위해
필요한 자제력

스탠퍼드 대학교의 심리학자 월터 미셸Walter Mischel의 유명한 '마시멜로 실험'을 들어본 적이 있을 것이다. 마시멜로 실험은 아이들에게 마시멜로를 주고, 20분 동안 기다리면 더 큰 보상을 주겠다고 말하고 관찰하는 실험이다.

만약 당신이 서너 살짜리 꼬마로 돌아가 이 실험에 참가한다면 마시멜로를 얻기 위해 인내심을 가지고 기다릴 것인가? 분명히 그러지 못할 것이다. 이 연령대의 아이들은 자제력이 부족하기 때문이다.

대뇌에서 자제력을 조절하는 부위가 성숙하는 시기는 비교적 늦은 편이다. 대략 사춘기 후반에 성장이 이루어지지만, 성인이 된 후에 성숙되기도 한다. 청소년기 아이들이 충동적이고 유혹에 쉽게 흔들리는 이유도 바로 여기에 있다.

일반적으로 사람들은 아무리 큰 보상이 기다리고 있다고 해도 현재의 욕구가 채워지는 것에 더욱 집중하게 된다. 현재의 가치를 미래의 더 큰 가치보다 중요하게 생각하기 때문이다.

대뇌는 미래의 이득보다 현재의 손실에 더 민감하게 반응하는 것이다.

어떻게 자제력을 키울 수 있을까?

자제력은 끊임없이 생성되는 무한 자원이 아니다. 그래서 몸에 좋지 않은 인스턴트 식품 대신 과일이나 야채를 챙겨 먹어야 하는 상황에 봉착하면 자제력을 잃고 쉽게 포기하게 된다. 또 어떤 일에서 이미 자제력을 사용했다면 다른 일에 대한 자제력은 줄어든다. 예를 들어 배가 고파도 간식을 절대 먹지 말라고 지시한 후 다시 코미디 영화를 보면서 최대한 웃지 말라고 요구했다고 하자. 그러면 첫 번째 요구에서 자제력을 사용했기에 코미디 영화를 볼 때는 감정을 통제하기 어려워지게 된다. 그렇다고 걱정할 일은 아니다. 소진된 자제력은 얼마 지나지 않아 원상태로 복구되기 때문이다.

호주 뉴사우스웨일스 대학교의 심리학자 토머스 덴슨 연구팀은
특정한 훈련을 통해 자제력을 높일 수 있다는 사실을 발견했다.

그는 지원자 A그룹에는 2주 동안 매일 원래 사용하던 손의 반
대쪽 손을 사용하게 한다. (칫솔질을 할 때, 문을 열 때, 라이터로 불을
붙일 때, 마우스를 사용할 때, 물건을 들거나 컵을 사용할 때) B그룹에는
아무런 요구도 하지 않는다.

이후 실험에 참여했던 지원자들에게 자기 관리와 인생 계획에
관한 연설을 하게 했다. 이때 연설을 듣는 청중들이 그들을 모독
하도록 설정했다. 청중은 그들에게 연설이 형편없고 그따위 주제
에는 관심도 없으며 그저 시간 낭비였다고 말하며 자극했다. 그런
뒤 마지막으로 모든 지원자에게 공격성이 강한 컴퓨터 게임을 하
게 했다.

그 결과, 2주 동안 반대쪽 손을 사용하며 자제력 훈련을 한 A그
룹은 공격성이 크게 감소했는데, 아무런 훈련도 하지 않은 B그룹
은 컴퓨터 게임에서 강한 공격성을 드러냈다.

이 연구는 자제력도 기술처럼 훈련을 통해 향상될 수 있으며, 2
주 정도의 훈련만으로도 눈에 띄는 효과를 볼 수 있다는 것을 증
명했다.

자제력이 통하지 않는 상황

남성들의 경우 미녀 앞에서는 위험을 초래할 수 있는 행동에 대한 자제력이 감소하는 경향을 보인다. 예를 들어 남성은 미녀 때문에 과도한 소비를 하거나 타인을 공격할 수 있다. 이는 일종의 경쟁 본능 때문이다.

호주 퀸즐랜드 대학교 심리학과 윌리엄 본 히펠William von Hippel 교수 연구팀은 젊은 남성의 모험심과 미녀의 상관관계에 대한 연구를 했다. 공원에서 스케이트보드를 타는 젊은 남성 앞에 미녀가 나타나면 그들은 위험한 동작에 도전했다. 이때 그들의 타액을 분석해 보니 미녀가 나타났을 때 테스토스테론 수치가 급격히 증가했음을 확인할 수 있었다.

한편, 여성의 자제력은 생리 주기의 영향을 받는다. 예를 들어 배란기에는 남성과 단기적인 관계로 발전할 가능성이 높았고, 쇼핑 충동도 강해졌다. 하트퍼드셔 대학교의 심리학자 카렌 파인 Karen Pine은 대부분의 여성은 생리 10일 전에 충동적인 소비를 한다는 사실을 밝혀냈다. 생리 전의 호르몬 변화는 여성에게 부정적인 감정을 일으키는데, 쇼핑을 하면 이러한 감정을 통제할 수 있기 때문이다.

자제력이 약한 사람의 다이어트 방법

다이어트에 실패하는 가장 큰 이유는 미래의 보상을 위해 현재를 희생해야 하기 때문이다. 하지만 보상 메커니즘이 있다면 다이어트를 계속 유지할 수 있다. 예를 들어 다이어트 목표를 정하고 달성할 때마다 현금으로 보상해 주는 것이다.

펜실베이니아 대학교의 케빈 볼프Kevin Volpp 연구팀은 다이어트에 관한 실험을 진행했다. 연구원은 다이어트가 필요한 사람들을 세 그룹으로 나누었다. 첫 번째 그룹에는 달성 복권을 나눠 주고 목표를 달성하면 바로 보상했다. 두 번째 그룹에는 매일 현금을 적립하는 방식을 사용했다. 월말까지 다이어트 목표를 달성하지 못하면 적립금을 인출할 수 없고 달성하면 적립금도 얻고 보상도 받을 수 있도록 했다. 마지막으로 세 번째 그룹에는 현금 보상 없이 다이어트에만 집중하게 했다. 이들의 목표는 넉 달 안에 7.26kg을 감량하는 것이었다.

4개월 뒤, 직접 보상을 받은 첫 번째 그룹은 평균 6kg을 감량했고, 두 번째 그룹은 6.5kg 감량하는 데 성공했다. 하지만 세 번째 그룹은 2kg 감량하는 데 그쳤다. 직접적인 보상은 물론이고 예상된 보상까지 받을 수 있는 현금 보상식 다이어트 효과는 확실했다.

집중해야
좋은 결정을 할 수 있다

캐나다 심리학자의 연구에 따르면 보통 인간의 대뇌는 동시에 두 가지 일을 처리할 수 없으며, 단지 하나의 일에서 다른 일로 빠르게 전환할 수 있는 능력이 있을 뿐이라고 말했다. 흥미로운 사실은 훈련을 통해 이러한 전환 속도를 높일 수 있다는 점이다.

왼손으로 네모를 그리고 오른손으로 동그라미를 그릴 수 있는 사람은 존재하지 않는다. 단지 두 가지 일을 남들보다 빠르게 처리하므로 동시에 하는 것처럼 보일 뿐이다.

One thing, 한 번에 하나씩

사람이 동시에 두 가지 일을 처리할 수 있는지를 증명하기 위해 미국 밴더빌트 대학교Vanderbilt University의 심리학자 폴 덕스Paul Dux

연구팀은 두 가지 실험을 진행했다.

실험에 따르면 한 번에 한 가지 임무를 처리할 때는 순조롭지만, 동시에 두 가지 임무를 처리하는 것은 매우 어렵다는 결론이 나왔다. 그러나 2주간의 훈련을 하면 한 번에 한 가지 임무를 처리하는 속도는 물론이고 동시에 두 가지 임무를 처리하는 속도를 향상시킬 수 있었다.

하지만 심층적으로 분석해 본 결과, 대뇌는 진정한 '멀티태스킹'을 한 게 아니라 하나의 임무에서 다른 임무로 빠르게 전환했을 뿐이다. 다른 임무로 전환하기 위해서는 일정한 시간이 필요한데 이 시간은 훈련을 통해 단축할 수 있었다.

이렇게 전환 속도가 빨라지면 두 가지 임무를 '동시에' 처리했다는 착각을 하게 된다. 따라서 동시에 두 가지를 처리하는 것은 상당히 위험한 일이다. 차를 운전하면서 통화를 하거나 문자를 보내는 것도 마찬가지다.

일리노이 대학교의 심리학자 대니얼 시먼스Daniel Simons 연구팀은 한 실험에서 지원자에게 농구 중계를 보여 주며 하얀 옷을 입은 선수 3명이 공을 패스하는 수를 세라고 요구했다. 경기가 시작되고 갑자기 경기 중에 고릴라 분상을 한 사람이 나타나 카메라 앞에 몇 초간 서 있다가 사라진다. 경기가 끝난 뒤, 연구팀은 고릴

라를 보았는지 물었다. 그러자 지원자 중 '그렇다'고 대답한 사람
은 절반에 불과했다.

한 가지 사건에 집중하면 다른 일에 소홀해진다. 한 가지 일에
집중하고 있을 때 돌발사건이 발생하면 동시에 처리할 수 없다는
뜻이다.

'한 번에 두 가지'가 우리 뇌의 한계

파리 제6대학교의 에티엔느 케클랭Etienne Koechlin은 동시에 두
가지 일을 처리할 때는 인간의 좌뇌와 우뇌가 각각 하나씩 처리할
수 있지만, 동시에 세 가지 일을 처리하는 것은 불가능하다고 주
장했다.

한편, 하나의 임무를 완성할 때 물질적인 보상이 주어지면 보상
금이 많을수록 뇌의 내측전전두엽 피질이 활성화된다고 한다. 보
상금이 높을수록 뇌는 활성화되어 전두엽은 두 가지 임무를 좌뇌
와 우뇌로 나누어 각각 처리한다. 하지만 동시에 세 가지 임무를
할 때는 정확도가 확연히 떨어지며 세 가지 중 하나를 잊어버리는
경우도 많다.

이처럼 동시에 두 가지 일을 처리할 수 있는 이유는 내측전전두
엽 피질이 두 개의 일을 각각 좌우 전두엽에 분배해 주기 때문이
다. 그러니 '동시에 세 가지'를 처리하려면 실패할 가능성이 크다.

처리해야 할 일이 두 가지가 넘어가면 이성적인 사고력이 떨어지고 쉽게 혼란을 느끼기 때문이다.

여성이 남성보다 멀티태스킹에 능하다?

남성은 동시에 여러 가지 일을 못 하지만 여성은 가능하다고 말하는 사람이 많다. 과연 그럴까? 허트포드셔 대학교 심리학과 키스 로스Keith Laws 교수는 남성보다 여성이 멀티태스킹에 능하며 이는 진화론적으로 아주 설득력이 있다고 말했다. 원시시대 때 여성은 과일을 채집하면서 아이를 돌보고, 동시에 다른 사람들과 대화를 나누었다.

실험에서 로스는 남녀 지원자들에게 간단한 수학 문제를 풀면서 식당을 찾고, 동시에 잃어버린 열쇠를 어디에서 찾을지 계획을 세우게 했다. 이때 걸려오는 전화를 받거나 무시할 수 있다. 전화를 받는다면 통화를 하면서 위의 임무들을 처리하는 동시에 상식테스트에 답을 해야 한다.

일반적으로 남성의 경우, 공간감각 능력이 여성보다 뛰어나므로 식당이나 열쇠를 찾는 일은 더 잘하리라 예상할 것이다. 하지만 실험에서 열쇠를 찾을 때 남성들은 비합리적인 장소부터 뒤지기 시작했고 세심하게 살피지 못했다. 반면에 여성들은 구석부터 살피기 시작하여 점이나 선으로 동선을 연결하며 계획적으로 열쇠를 찾았다. 즉, 수학 문제를 풀면서 열쇠를 찾는 두 가지 이상의 일을 하는 순간에 남성은 여성보다 작업의 질이 현저히 떨어졌다.

이는 여성이 남성보다 멀티태스킹 능력이 뛰어나며, 하나의 일을 할때 발생한 다른 돌발사건에 훨씬 더 유연하게 처리할 수 있다는 사실을 말해 준다.

물건값의 함정에
속지 않는 법

1달러가 100센트라는 건 누구나 아는 사실이다. 그런데 이상하게도 100센트가 더 커 보인다. 왜 그럴까?

숫자가 가치를 대신한다

오하이오 주립대학교의 심리학자 엘렌 펄롱Ellen Furlong 연구팀은 100센트가 1달러보다 크게 느껴지는 이유는 사람들이 실제의 가치보다 숫자의 크기에 더 집중하기 때문이라고 밝혔다.

실험에서 연구원은 '죄수 딜레마' 상황을 설정하고 지원자 두 사람이 서로 협조할 것인지 배신할 것인지 결정하게 했다. 두 사람이 협조하면 각각 3달러를 획득한다. 한 사람은 협조하고 나머지 한 사람이 배신하면 배신한 사람만 5달러를 획득할 수 있다.

만약 두 사람 모두 배신하면 각각 1달러를 얻을 수 있다.

또한 게임에서 두 사람 중 한 사람에게는 달러 단위로 보상금을 주고 나머지 한 사람에게는 센트 단위로 보상금을 준다. 예를 들어 서로 협력하면 한 사람은 3달러를 받고, 나머지 한 사람은 300센트를 받는다.

그 결과, 300센트를 받은 지원자가 3달러를 받은 지원자보다 더 즐거운 마음으로 협력했다. 실제로 300센트는 3달러임에도 300센트가 3달러보다 더 많다고 생각하며 판돈이 클수록 협력하려는 의지 역시 강해진다는 사실을 말해 준다.

이처럼 실험에서 지원자의 결정에 영향을 미친 요인은 실제 가치가 아닌 숫자였다. 이 숫자의 효과는 사법 재판을 할 때도 발생한다. 연구에 따르면, 검사가 제안한 형량이 길면 판사도 숫자의 영향을 받아 가중 판결을 하는 경향을 보인다는 것이다.

따라서 기업에서 상품의 정가를 정할 때는 유통되는 화폐의 종류도 잘 고려해야 한다. 지갑에서 빠져나가는 화폐의 숫자가 많을수록 소비자가 느끼는 물건의 가치는 높아지며, 재구매할 가능성은 떨어지기 때문이다. 그리고 신용카드 사용 시보다 현금을 사용할 때 더 민감하게 반응하며 구매력이 떨어졌다.

표시 가격이 구체적일수록 구매욕을 증가시킨다

물건의 가격을 정할 때는 소비자의 가격 심리지표를 고려하는 것이 매우 중요하다. 이는 흥정이 필요한 상품 거래에 아주 효과적이기 때문이다.

플로리다 대학교 경영학과 크리스 야니세우스키Chris Janiszewski 교수는 가격의 정확도가 소비자의 가격 판단에 영향을 미친다고 주장했다. 예를 들어 상품에 20달러보다 19.95달러라고 표시되어 있을 때 더 구매하고 싶은 욕구가 생긴다는 것이다. 이처럼 상품에 보다 세밀한 가격을 표시해 두면 소비자는 물건의 가치가 보다 정확히 평가되었다고 믿기 때문이다.

이를 증명하기 위한 실험에서 연구원은 사람들에게 고화질 PDP 텔레비전의 소매가와 판매상 정보를 알려 준 뒤, 텔레비전의 실제 가격을 추측해 보게 했다. 첫 번째 그룹에는 소매가를 5,000달러라고 알려 주고, 두 번째 그룹에는 4,988달러, 세 번째 그룹에는 5,012달러라고 알려 주었다.

그 결과, 소매가를 5,000달러라고 알려 준 그룹은 대부분 정수로 대답하며 다른 그룹에 비해 비교적 부정확한 가격을 제시했다. 이는 사람들이 자신이 가지고 있는 심리지표의 영향을 받기 때문이다. 예를 들어 100달러짜리 물건을 보면 80달러, 90달러, 110달러짜리 등 정수로 이루어진 가격의 물건을 떠올린다. 하지만

99.5달러짜리 물건은 정수가 아닌 보다 세밀한 센트 단위까지 추정해 생각하는 것이다. 따라서 흥정도 90달러 범위에서 벗어나지 않는다. 이는 정가의 정확도가 불규칙한 조건의 폭을 판단하는 데 영향을 미치기 때문이다.

연구원은 5년 전 당시의 부동산 매매액을 열람하고 집값과 최종 판매가를 비교해 보았는데 실제로 부동산 업자가 494,500달러처럼 집값의 숫자를 정확하게 제시할수록 그들이 원하는 가격에 가깝게 판매되었다.

이처럼 상대가 정확한 가격을 제시하면 흥정할 때 소비자는 지나치게 낮은 가격을 부르지 않는다. 정확한 정가는 소비자의 흥정 범위를 축소하며, 표시 가격이 구체적일수록 소비 욕구는 증가한다. 구체적으로 표시된 가격을 본 소비자가 그것이 상품의 실제 가격과 더 가까울 것이라고 생각하기 때문이다. 소비자는 싸고 질 좋은 상품을 원하지만 정확하고 공정한 거래를 더 중요하게 생각한다.

자선 마케팅이 판매에 미치는 영향

1970년 미국의 경제학자 밀턴 프리드먼Milton Friedman은 기업의 사회적 책임이 이윤을 높일 수 있다고 말했다. 그의 주장에 따르면 민영 기업은 이익 분배를 확대해야 한다. 소비자는 사회적 책임감이 높은 회사의 제품을 구매하길 원하기 때문이다. 예를 들어 책 표지에 '수익의 절반은 가난한 지역의 아이들을 돕는 자선단체에 기부됩니다.'라는 문구를 넣으면 판매량은 증가하게 된다.

자선 마케팅이 판매에 미치는 영향력을 알아보기 위해 캘리포니아 대학교의 에이엘릿 그니지Ayelet Gneezy 연구팀은 일련의 실험을 진행했다.

실험은 최신 소비 전략을 적용했다. 즉, 소비자가 원하는 대로 상품의 가격을 지불하는 것이다. 이런 소비 전략에 대해 대부분의 사람은 손해 보는 장사라고 생각한다. 상품에 정가가 없으면 소비자는 자신의 기분에 따라 돈을 지불할 것이라고 생각하기 때문이다. 예를 들어 돈 쓰는 일에 인색한 구두쇠는 적은 금액을 내거나 아예 돈을 내지 않을 가능성도 있지 않을까?

실험은 대형 테마공원에서 진행되었고 11만 명 이상이 참여했다. 연구원은 사람들이 롤러코스터를 탄 사진을 찍은 뒤 두 가지 방식으로 판매했다. 첫 번째는 기념사진을 구매하면 절반의 수익금을 자선사업에 사용할 것이라고 말한다. 두 번째는 기념사진이니 구매하라고 말한다. 그리고 사진 가격은 12.95달러의 정가로 팔 때와 소비자가 원하는 만큼 내게 하는 두 가지 방식을 사용했다.

실험 결과, 정가로 판매할 때는 자선사업에 사용된다는 명분이 있든 없든 구매 욕구가 비슷했다. 그런데 소비자가 원하는 만큼 지불하는 방식으로 팔 때는 정가로 판매하는 것보다 더 구매 욕구를 일으켰다. 자선사업을 명분으로 물건을 팔 때는 소비자가 원하는 만큼 지불하는 방식이 더 큰 이윤을 남겼다.

자선사업을 명분으로 정가에 상품을 판매하는 전략이 큰 효과를 발휘하지 못한 이유는 소비자가 기업의 약속을 의심하기 때문이다. 특히 요즘처럼 기업가에 대한 신뢰와 책임감이 땅에 떨어진 상황에서 소비자는 자선사업을 한다는 그들의 말을 쉽게 믿지 않는다. 하지만 정해진 가격 없이 소비자가 원하는 만큼 지불하는 방식으로 자선 상품을 팔 때는 이런 의심을 받지 않았다.

또 다른 실험에서 소비자가 가격을 정하는 방식이 성공한 원인은 사람들은 많은 금액을 지불함으로써 자신의 가치를 높이길 원하기 때문이라는 사실도 밝혀냈다.

그는 위와 같은 실험을 디즈니랜드에서도 실시했다. 단 이번에는 롤러코스터를 탄 사람들의 사진을 찍은 뒤 첫 번째는 "원하는 만큼 돈을 내세요."라고 했다. 두 번째는 "수익의 절반은 자선단체에 기부됩니다."라고 했다. 그 결과, 자선사업을 명분으로 내세운 사진보다 원하는 만큼 지불하는 방식으로 판매된 사진이 두 배나 더 많이 팔렸고 총 수익도 네 배나 더 높았다.

남성용 상품이 비싼 데는 진화론과 관련 있다

기업은 남녀의 소비 습관에 따라 정가를 다르게 책정한다. 일반적으로 여성은 몇 시간이든 돌아다니며 쇼핑하길 좋아하고, 남성은 최단 시간에 빠르게 물건을 사길 원하기 때문이다.

미시건 대학교의 심리학 교수 크루거는 이런 차이가 원시시대 인류의 사냥, 채집 활동과 관련이 있다고 밝혔다. 원시시대에 여성은 주로 아이를 돌보고 먹을 것을 채집했고 남성은 사냥을 담당했다. 이때 여성들은 식물이나 과일의 모양과 색 등의 특징이 명확하지 않아서 채집할 때 유심히 비교하고 선별해야 한다. 잘못된 선택은 전 가족을 죽음으로 몰 수도 있기 때문이다. 하지만 남성은 어떤 동물을 사냥하겠다고 결정하면 바로 행동으로 옮겼고 사냥물을 가지고 집으로 돌아왔다.

과거 인류의 특성은 오늘날까지 이어져 남녀의 쇼핑 행위에 영향을 끼쳤다. 여성은 많은 시간을 들여 물건의 가격과 품질, 색깔 등을 꼼꼼히 비교하고, 남성은 그저 상점에 들어가 필요한 물건을 가지고 나올 뿐이다. 따라서 남성용 상품은 가격이 비싸고 디자인과 색깔도 단조로운 편이다.

비쌀수록 잘 팔리는 이유

사람들은 대개 비싼 약일수록 그 효과도 좋다고 생각한다. 독일

함부르크 대학은 이와 연관된 심리 실험을 실시했다.

먼저 건강한 지원자 19명의 양손에 똑같은 핸드크림을 바른 뒤 한 손에는 진통 연고를 발랐다고 속인다. 그리고 레이저로 자극을 가한다. 그 결과, 지원자들은 진통 연고를 발랐다고 믿는 손이 그렇지 않은 손보다 자극을 약하게 느꼈다고 믿었다.

이런 심리 현상은 상품의 질을 평가할 때도 나타난다. 실제로 상품에 대한 정보가 없으면 가격으로 상품의 질을 판단하는 경우가 많다.

캘리포니아 대학교 경제학자 안토니오 랭글Antonio Rangel은 지원자 20명에게 와인 5종을 시음하게 했다. 그리고 지원자에게 가장 저렴한 5달러 짜리 와인을 45달러라고 알려주고, 90달러 짜리의 가장 고가 와인을 10달러라고 알려주었다.

실험 결과, 지원자들은 고가라고 알려준 저렴한 와인을 가장 맛있다고 평가했고, 저렴하다고 알려준 고가의 와인이 가장 맛이 없다고 평가했다. 판매자는 이런 소비자의 심리를 이용해 비싼 값에 와인을 판매하는 것이다.

PART 2

정글 같은 직장에서 살아남기
직장의 심리학

승진하고 싶다면
너그러워져라

목소리가 중요하다?

캐나다 맥마스터 대학교 심리학과의 데이비드 페인버그David
Feinberg의 연구 결과에 따르면, 사람들은 낮은 목소리를 더 선호했
다. 그래서 상급자인 여성 관리자를 뽑을 때 남성이나 여성 모두
목소리가 낮은 여성을 적합한 인물로 뽑는 경향이 있었다. 반면
남성을 선택할 때는 같은 남성의 경우에는 목소리가 낮은 사람을
지지하지만, 여성은 남성 후보자의 목소리에 신경 쓰지 않았다.

목소리 톤이 낮은 사람은 테스토스테론 수치가 높은데, 테스토
스테론은 매력이나 리더십과 관련이 있다. 목소리가 낮은 남성과
목소리가 높은 여성은 모두 사람들의 시선을 끄는 매력이 있다.

만약 목소리 톤이 높은 남성이라면 훈련을 통해 목소리를 낮춰

보자. 일반적으로 목소리 톤이 높고 말투가 느리면 신뢰도와 설득력이 떨어지고 말투가 빠르면 박학다식해 보인다. 구약 성경에 나오는 인물인 모세Moses는 말투가 어눌하여 사람들이 자신의 말을 믿지 못할까 걱정했다. 이에 말을 유창하게 하는 형 아론Aaron에게 대신 뜻을 전달하게 하기도 했다.

이런 시각에서 보면 여성 리더가 적은 이유가 그들의 능력이 남성보다 못하거나 노력하지 않아서가 아니라 가는 목소리 때문인 경향도 있을 수 있다.

보수적인 사람은 중요한 부서로 가기 어렵다

서던캘리포니아 대학교의 심리학자 니콜 라이트홀Nichole Lighthall은 컴퓨터 게임을 이용한 실험을 통해 여성은 위기상황에서 보수적인 경향을 보인다는 사실을 입증했다.

실험은 지원자를 무작위로 두 그룹으로 나누고 컴퓨터를 이용해 풍선에 공기를 넣는 게임을 하게 했다. 이 게임은 마우스로 한 번 클릭할 때마다 풍선에 공기가 한 번씩 들어가도록 되어 있다. 풍선마다 공기를 넣을 수 있는 횟수는 랜덤으로 설정되며 설정된 횟수를 초과하면 풍선이 터진다. 이때 풍선이 터지지 않으면 클릭할 때마다 5달러를 얻을 수 있지만 풍선이 터지면 한 푼도 가져가지 못한다. 그리고 아무 때나 게임을 멈추고 돈을 가져갈 수 있다.

그리고 실험이 시작되기 전, 첫 번째 그룹은 스트레스 상황을 설정하기 위해 얼음물에 몇 분간 손을 넣었다. 두 번째 그룹은 동일한 시간 동안 따뜻한 물에 손을 넣었다.

그 결과, 따뜻한 물에 손을 넣은 사람이 풍선에 공기를 넣은 횟수는 40회를 기록했다. 한편 얼음물에 손을 넣은 상황에서 여성이 공기를 넣은 횟수는 평균 32회였고 남성은 48회였다.

중요한 사실은 스트레스가 없을 때는 여성이 남성보다 빠르게 결정을 내렸지만, 스트레스가 발생했을 때 여성들은 다소 보수적이고 모험을 기피하며 우유부단한 태도를 보였다는 점이다. 이렇게 스트레스 상황에서 게임을 할 때 남성은 모험심으로 여성보다 50% 정도의 돈을 더 벌었다.

나이가 많을수록 승진할 기회가 줄어드는 이유도 그들이 보수적으로 변하기 때문이다. 연구에 따르면, 스트레스 상황에서 32세 이하의 젊은이는 65세 이상의 노인보다 더 빠르게 운전할 수 있으며 판단력이 빨랐다. 이는 중요한 결정이 필요한 부서에 젊은 사람을 기용하는 이유이기도 하다.

좋은 이름과 큰 키가 유리하다

부르기 편한 이름은 승진하는 데 중요한 요소로 작용하며 친구를 사귀거나 경쟁에서 승리하는 데도 유리했다. 이는 이름의 길이나 특이성 때문이 아니라 부르기 편한 발음 때문이다. 부르기 편한 이름에 사람들은 쉽게 익숙해지고 이는 긍정적인 평가를 얻는데 도움이 된다.

멜버른 대학교 심리학과의 시몬 라하마Simon Lahama 교수의 조사에 따르면, 40%의 사람들이 부르기 편한 이름 때문에 그 사람을 좋아한다고 답했다. 그리고 1.5%의 변호사가 그러한 이유로 사건을 따냈다. 게다가 모의 투표 결과에 따르면 부르기 편한 이름을 가진 후보자가 그렇지 않은 후보자보다 당선될 확률이 더 높았다.

또 다른 조사 결과에서는 키가 큰 사람이 진화 과정에서 더 유리한 위치를 차지하는 경향을 보였다. 신체는 권력과 힘의 상징이다. 키가 큰 사람은 리더십이 더 뛰어나다고 평가받으며 승진에도 유리하게 작용한다. 여기서 흥미로운 사실은 지위가 높아지면 사람들은 상대방의 키가 실제 키보다 더 크다고 인식한다는 것이다.

워싱턴 대학교 심리학과의 미셸 두구이드Michelle Duguid 교수 연구팀은 지위가 키에 대한 느낌에 영향을 미친다고 밝혔는데 사람들은 실제로 지위가 높을수록 스스로도 키가 크다고 느꼈다. 이는 육체와 정신의 상호작용을 설명해 주는 부분이라 할 수 있겠다.

너그러운 사람이 성공할 확률이 높다

지방관리나 교도관 등 권력은 있지만 지위가 낮은 사람들은 주변의 사람들을 자신의 발아래 두고 싶어하는 경향을 보인다고 한다.

스탠퍼드 대학교의 심리학자 필립 짐바르도Philip Zimbardo 연구팀은 학생들을 대상으로 교도소 실험을 진행했다.

실험은 지원자를 두 그룹으로 나누어 한 그룹은 제복을 입고 곤봉과 호루라기를 휴대할 수 있는 교도관 역할을 맡고 또 다른 그룹은 감방생활을 하는 죄수가 된다.

이 실험은 2주 동안 진행하기로 되어 있었다. 그런데 이러한 모의 상황에서도 교도관 역할을 하는 그룹의 사람들이 갖은 수단으로 죄수를 괴롭히고 모욕을 주는 상황이 펼쳐졌다. 결국 실험은 끝을 맺지 못한 채 시작한 지 6일 만에 종료되었다고 한다.

서던캘리포니아 대학교의 심리학자 나다나엘 패스트Nathanael Fast의 또 다른 실험에서는 권력은 있어도 지위가 낮은 사람은 권력을 이용해 타인을 겁주고 모욕하길 좋아하는 것으로 나타났다.

또 다른 한 실험에서는 학생들에게 무작위로 지위가 높은 사장이 되거나 지위가 낮은 직원이 되어 열 가지 지령 중 한 가지를 다른 사람에게 지시하게 했다. 그중에는 인격을 모독하는 말로 "나는 정말 지저분하다."라고 5번 외치게 하기, "나는 쓸모없는 인간이다."라고 5번 외치게 하기, 또는 자신의 단점을 열거하게 하거나 타인을 헐뜯는 말하기 등이 있었다.

그 결과, 권력은 있지만 지위가 낮은 사람은 그렇지 않은 사람보다 타인을 창피하게 만드는 지령을 훨씬 많이 선택했다. 반면 권력도 없고 지위도 낮은 사람과, 권력도 있고 지위도 높은 사람은 타인에게 상처 주는 지령을 적게 선택했다. 또한 권력은 없지만 지위가 높은 사람도 타인을 헐뜯는 지령을 선택하긴 했지만, 그 정도가 심하지는 않았다. 결국 가장 심각하게 남을 헐뜯은 그룹은 '권력은 있지만 지위가 낮은 사람'이었다. 그들은 자신의 권력으로 타인의 존엄을 깎아내리는 행위를 선호했다.

또 다른 실험에서는 능력이 없는 사장일수록 직원들을 괴롭히며, 오히려 능력 있는 사장은 직원들에게 우호적인 경향이 강하다는 사실을 발견했다. 그리고 리더십을 인정받지 못하는 상황에서 스스로도 권력이 없다고 느끼는 사장은 다른 유형의 사장보다 더 독설을 많이 하는 경향을 보였다. 심지어 이런 사람들은 능력은 인정받지 못하지만 스스로는 권력이 있다고 생각하는 사장보다도 독설이 두 배 이상 높았다. 이런 사장에게서는 회사의 장기적인 성공을 기대하긴 어렵다.

이스라엘 심리학자의 연구에 따르면, 관용을 베푸는 사람이 성공할 확률이 높다고 한다. 관용을 베푸는 이타적인 행동은 좋은 일을 한 사람이 보답을 받는다는 인류의 진화 원칙에서도 잘 들어 맞는다. 너그러운 사람은 조직에서 다른 사람들과 개방적인 태도로 협력하고 즐거운 마음으로 동료를 돕는다.

감성지수가 높을수록 승진과 멀어진다

감성지수가 높은 사람은 승진하기 어렵다. 왜냐하면 이런 사람은 승진하기 위해 노력하는 것을 싫어하며 술수에 잘 넘어가 회사에 손해를 입히기 쉽기 때문이다. 노스캐롤라이나 주립대학교 심리학과의 스티븐 포터Stephen Porter 교수는 감성지수가 높은 사람이 쉽게 사기당하는 이유는 속임수를 잘 알아차리지 못하기 때문이라고 밝혔다.

이 실험을 위해 지원자들에게 세계 각국 사람들이 헤어진 가족을 만나게 해달라고 기도하는 내용의 영상 20개를 보여 주었다. 그러나 그중 절반의 영상은 가짜였다. 지원자들은 영상을 보고 누가 진짜이고 누가 가짜인지 밝히고 그 이유를 설명하면서 자신의 판단에 얼마나 확신하는지 밝히라고 했다.

그 결과, 감성지수가 높은 사람은 과도한 자신감을 드러냈다. 감정이 예민하거나 자신의 감정을 잘 표현하는 사람은 타인의 거짓말을 잘 알아채지 못해 보이는 그대로를 믿을 확률이 크다. 이런 유형의 사람은 직장 내 정치의 희생물이 될 가능성도 크고 승진에 성공하더라도 음해당하기 쉽다.

승진이 반드시 좋은 일은 아니다

회사원들은 승진을 위해 야근도 서슴지 않는다. 하지만 승진한 사람들의 이야기를 들으면 꼭 좋은 일만도 아닌 듯하다. 프랑스의 경제학자 크리스토퍼 보이스Christopher Boyce는 승진에 성공한 수천 명을 분석한 결과, 사람들이 상상하는 것만큼 승진이 커다란 즐거움을 주는 것은 아니라고 밝혔다. 오히려 승진한 뒤에 정신 건강이 악화된 사람이 많았으며 그들의 이런 상태는 장기간 지속되었다.

분석에 따르면 한 번 승진할 때마다 스트레스가 10% 이상 증가하며 20%의 사람이 병원을 찾았다. 이러한 승진에 따른 스트레스는 무거워진 업무 부담과 책임져야 할 새로운 업무가 증가한 만큼 휴식 시간이 줄어든 탓도 있었다.

그리고 중요한 사실은 이들의 업무는 늘었지만 전체적인 일에 대한 통제권은 증가하지 않았다는 데 있다. 연구에 따르면, CEO가 회사의 이윤을 증대하는 책임을 떠맡으면 스트레스가 커지는데, 동시에 그의 비서도 스트레스가 증가한다. 처리해야 할 업무량은 증가하지만 그에 걸맞은 동등한 권력은 주어지지 않기 때문이다.

　이렇게 임무는 과중하지만 결정권이 없는 부하직원은 면역력 저하로 병에 걸릴 확률이 높고 심지어 사망할 위험도 커진다. 이런 사람은 마치 동물원에 갇힌 코끼리처럼 물질적인 환경은 풍족해졌지만 수명은 크게 감소될 수 있다.

최고의 팀을 만드는
비결

팀워크를 강조하는 기업이 점점 늘어나고 있다. 그렇다면 팀워크가 업무 능력 향상에 큰 효과가 있을까? 한 명이 물지게를 지는 것보다 두 명이 지는 것이 낫다면, 세 명이 지지 못할 이유는 무엇일까? 팀원이 많아지면 '나 하나쯤이야.'라는 안일한 생각을 하는 사람도 생겨나기 마련이다. 그러므로 팀원의 역량을 충분히 발휘하기 위해서는 팀워크를 다지는 것이 우선되어야 한다.

서로 보이는 곳에서 함께 일한다

캐나다 캘거리 대학교의 심리학자 티모시 웰시Timothy Welsh는 대학생을 대상으로 두 사람이 협력해서 하나의 임무를 완성하는 실험을 진행했다.

두 사람이 처음에는 한 자리에 앉아서 일하다가 나중에는 각자의 방에서 따로 일을 한다. 이때 파트너가 옆방에서 일하고 있다는 사실을 알려 준다.

그 결과, 공동 작업으로 임무를 완성해야 할 때 한 자리에서 같이 일하지 않는다면 다른 방에서 파트너가 열심히 일하고 있다는 말을 해 주어도, 본인은 열심히 하지 않게 된다는 사실을 알게 되었다. 즉, 팀이 공동의 임무를 완성하기 위해서는 팀원 간의 시각적인 접촉을 보장하는 것이 중요하다는 뜻이다.

이처럼 협력할 두 사람이 다른 장소에서 일하는 것 외에도 업무 효율을 떨어뜨리는 요인은 또 있다. 사람은 어두운 장소에서 일하면 이기적이고 불성실하게 변할 수 있다는 것이다. 이는 다른 사람이 자신의 행동을 자세히 볼 수 없다고 생각하기 때문이다. 어두운 조명이 불성실한 태도를 유발한다는 사실을 확인하기 위해 중천보 교수는 다음의 두 가지 실험을 진행했다.

첫 번째 실험에서 지원자를 어두운 조명 또는 밝은 조명이 켜진 방으로 들어가게 한다. 그곳에는 10달러가 든 봉투와 단어를 만들 수 있는 글자 모형이 있다. 이때 지원자는 5분 안에 20개의 글자 중에서 두 글자로 이루어진 단어 10개를 만들어야 하며, 하나를 맞출 때마다 50센트를 얻을 수 있다. 이때 얼마를 벌었는지 계산해 두면, 실험이 끝난 뒤에 돈이 든 봉투에서 해당하는 액수만큼 가져갈 수 있다. 실험 결과, 어두운 조명이 있던 방의 사람이 그렇지 않은 사람보다 더 많은 횟수를 속였다.

두 번째 실험에서는 지원자가 검은 안경이나 투명 안경을 쓰고 6달러를 다른 사람에게 임의로 나누어 주게 했다. 그러자 검은 안경을 쓴 사람은 투명 안경을 쓴 사람보다 이기적인 태도를 취해, 투명 안경을 쓴 사람보다 적은 돈을 나누어 주었다.

'눈 가리고 아웅' 한다는 말이 생각나지 않는가? 어둠은 모든 것을 가려 줄 거라는 환상을 만들어내고 거짓 안정감을 느끼게 한다. 심지어 신분을 가릴 수 있다는 착각을 불러일으켜 이기적이고 부도덕한 행동을 유발하기도 한다.

따라서 팀워크를 강화하려면 한 사무실에 모여서 함께 일하는 것이 좋다. 하지만 지나치게 개방적인 사무실에서 일하는 것을 싫어하는 팀원들도 있다. 특히 새로운 지식을 배우거나 보고서를 작성하는 등 협력이 필요하지 않은 일을 하는 팀원들이 그렇다. 이런 경우 개방적인 사무실 환경은 시시각각 감시받는 기분이 들어 안정감을 떨어뜨릴 수도 있다.

뉴캐슬 대학교의 심리학자 멜리사 베이트슨Melissa Bateson도 누군가를 계속 주시하면 더 성실해진다는 연구 결과를 발표했다. 그는 한 실험으로 대학교 공공 커피숍에서 '셀프 계산박스' 위에 정기적으로 눈동자 이미지와 꽃송이 이미지를 교체해서 붙여 놓았다.

그 결과, 사람들은 꽃송이 이미지보다는 눈동자 이미지를 붙였을 때 커피나 차를 마신 뒤 더 정확하게 지불했다. 눈동자 이미지가 꽃송이 이미지보다 2.76배나 높았다.

리더는 과대평가하지 않는다

팀에서 자신의 공헌도를 낮게 평가할수록 팀의 효율이 높아진다는 연구 결과가 있다. 컬럼비아 대학교 심리학과 쉬나 아이엔가Sheena Iyengar 교수의 조사에 따르면, 90%의 학생이 자신을 우수한 인재라고 평가하지만 스스로 우수하다고 생각하는 사람일수록 다른 사람들 눈에는 평범하거나 같이 일하기 싫은 대상으로 보인다고 한다. 그리고 스스로 리더십이 있다고 생각하는 사람은 다른 사람들에게 똑똑해 보인다는 평가를 받긴 하지만, 그들이 인재 관리 능력까지 갖췄다고 생각하는 사람은 없다.

팀에서 자신의 공헌도가 크다고 생각하는 이유는 다른 사람과 비교하는 과정에서 자신의 능력이 어느 정도인지 잘 알게 되는데 그에 따라 자신의 감정을 과장하기 때문이다. 직장에서 본인이 어떤 노력을 했는지 정확히 기억하지만, 다른 동료가 묵묵히 해낸 일에 대해서는 잘 알지 못한다. 때로 동료가 당신보다 더 많은 일을 했을지라도 말이다.

사회심리학의 창시자로 손꼽히는 맥스 링겔만Max Ringelmann은 줄다리기 시합 실험을 진행했다. 그 결과, 줄다리기에 참여한 선수가 많을수록 각자가 사용하는 힘은 줄어들었다. 이유는 간단하다. 대부분 다른 사람도 있는데 굳이 자신까지 필사적으로 힘을 쓸 필요는 없다고 생각하며 자신이 노력해도 알아주는 사람이 없다고 생각하기 때문이다.

이런 현상은 특히 응원이나 손뼉 치기 같은 간단한 임무를 수행할 때 잘 드러난다. 그 외에도 공헌도를 평가할 필요가 없는 다른 임무, 예를 들면 창의력을 요하는 임무에서도 비슷한 양상은 보인다. 그러므로 이런 상황을 피하기 위한 가장 좋은 방법은 팀원에게 자신이 중요한 일을 하고 있다고 알리고 공헌도를 수치화하는 것이다.

하지만 공헌도나 노력을 지나치게 중시하면 팀의 효율이 떨어진다. 아이엔가의 동료 대니얼 에임스Daniel Ames의 연구에 따르면, 직장에서 자신의 노력을 강조해서 지위와 명성을 높이려는 사람일수록 애물단지 취급을 받기 쉽다고 한다. 이런 사람은 결국 좋은 성과를 내지 못한다.

팀원 중 썩은 사과가 있는가?

팀원 중에 나르시시스트가 있다면 더 다양한 아이디어를 얻을 수 있다. 나르시시스트는 창의력이 뛰어나지는 않지만, 다른 사람들에게 자신의 아이디어가 창의적이라는 믿음을 심어 주는 일은 잘한다. 이는 자신의 생각을 표현할 때 열정적이고 유창하게 말을 이어 가기 때문인데 이때 사람들은 이들을 보며 창의적인 표현을 잘한다고 생각하게 된다.

특히 고집이 센 나르시시스트들은 대다수가 형성한 간단한 공감대를 온갖 수단을 동원해 자기 고집대로 바꿔 놓기도 한다. 미국 영화 「12인의 노한 사람들Twelve Angry Men」을 보면, 아버지를 살해한 소년을 두고 유죄를 주장하는 열한 명의 배심원에 맞서 무죄를 주장하며 결국 사건의 진실을 밝히는 데 성공하는 한 명의 배심원 이야기가 나온다. 이처럼 그가 나르시시스트일지라도 팀에서 남들과 다른 의견을 제시하는 사람이 있다는 것이 언제나 나쁜 결과를 가져오는 것은 아니다.

세 가지 유형의 팀원, 즉 비관주의자, 게으름뱅이, 얼간이들은 주의해야 한다. 이들은 팀의 효율을 깨뜨리는 썩은 사과bad apple로 알려져 있다. 우선 비관주의자는 그들이 재미없는 일을 하고 있다며 불평하고 팀의 능력을 신뢰하지 않는다. 그리고 게으름뱅이는 팀원들이 어떤 일을 하든 신경 쓰지 않는다. 실패해도 손해 보지 않고, 설사 성공한다고 해도 약간의 콩고물이 떨어질 뿐이기 때문이다. 마지막으로 얼간이는 다른 팀원의 아이디어는 형편없다고 생각하면서도 정작 본인은 더 좋은 방안을 내놓지 못한다. 이들은 항상 "당신은 전문가의 의견을 들어보는 게 좋겠어요."라는 말을 입버릇처럼 한다.

팀에 비관주의자, 게으름뱅이, 얼간이가 있다면 다른 팀원에게 부정적인 영향을 미칠 것이며 이보다 더 최악의 상황은 다른 팀원들이 썩은 사과의 행동을 모방하는 것이다. 팀의 최종 성패는 능력 있는 인재가 아니라, 썩은 사과의 수와 부패 정도에 달려 있다고도 할 수 있다.

한 팀에 여성은 두 명이 적당하다

팀원 중에 여성의 수를 일정하게 유지하면 업무 효율을 높일 수 있다. 여성이 남성보다 협력을 잘하며 갈등을 잘 해결하기 때문이다. 스위스 로잔 대학교의 심리학자 롤프 쿠메를리Rolf Kummerli는 죄수의 딜레마 실험을 진행했다.

실험에서 지원자는 서로 협력하여 좋은 성과를 거둘 수도 있고, 자신의 이익을 위해 상대방을 배신할 수도 있다. 그 결과, 남성은 성공하기 위해 탐욕스러운 모습을 드러냈으며 여성은 다른 사람들이 배신할 것을 걱정했다. 또한 남성에 비해 여성은 협력해서 임무를 완성할 가능성이 더 컸고 갈등을 해결하는 데 능숙했다. 그리고 여성 둘이 같이 협력할 가능성은 남성 둘보다 두 배나 높았다.

하지만 팀에 여성이 너무 많으면 부정적 결과를 초래할 수도 있다. 많은 연구 결과에 따르면, 협력 관계를 중시하는 여성의 습성은 동성에게 쉽게 질투심을 유발한다. 동성의 개입으로 자신의 지위가 영향을 받을 수 있다고 걱정하기 때문이다.

엠마누엘 대학교의 심리학자 조이스 베넨슨Joyce Benenson의 실험에 따르면, 여성은 동성 친구에게 독설을 더 많이 하며 사소한 일 때문에 사이가 멀어지기도 한다고 밝혔다.

학생들에게 "가장 친한 동성 친구가 어느 날 한 가지 부탁은 들어줄 수 있어도 다음부터는 안 된다고 한다면 어떻게 하겠습니까?"라고 물었다. 이에 대해 남성들은 아무런 영향도 받지 않는다고 답했는데, 여성들은 상대방을 이해할 수 없으며 심지어 그로 인해 그 친구와 신뢰도가 깨질 수도 있다고 답했다.

이처럼 여성이 부정적인 정보를 더 중요하게 생각하는 이유는 그로 인해 친밀한 관계였어도 사이가 멀어질 수 있다고 생각하기 때문이다. 여성은 남성보다 부정적인 정보에 더 많은 영향을 받으며 그래서 의심이 많고 우울과 불안에 시달릴 수 있다.

또한 베넨슨의 조사에서 77%의 남성과 33%의 여성이 룸메이트와 갈등을 빚은 적이 있다고 답한 반면 룸메이트에 대한 만족도는 남성의 경우 100%에 달했지만 여성은 46%에 불과했다. 그 밖에도 8.4%의 여성은 기숙사를 옮긴 적이 있지만 남성은 기숙사를 옮긴 비율이 여성의 절반밖에 되지 않았다.

따돌림을 당하면 여성은 선수를 쳐서 다른 사람과 동맹을 맺고 일대일 교류 모델로 진입한다. 따라서 한 팀에 여성이 세 명 이상이면 그중 한 명은 따돌림을 당하기 쉽다. 이는 '여자 셋이 모이면 접시가 깨진다'는 말과 같다. 반면 자신의 지위가 위협당할 때, 여성은 협력 의지가 더 강해지지만 남성은 큰 변화를 보이지 않았다.

협업 면에서 남녀가 이런 차이를 보이는 이유는 남성은 광범위한 교류를 즐기는 반면, 여성은 일대일의 폐쇄적인 사회관계를 좋아하기 때문이다. 여성은 한 명의 친한 친구를 사귀기 위해 다른 사람을 배척하는데, 이는 다른 사람이 자신의 친구를 빼앗아갈지도 모른다는 걱정 때문이다.

여성들의 이러한 심리는 팀에 여성 셋이 있을 경우 우정을 쟁취하기 위해 사무실 정치를 하는 것으로 나타날 수도 있다. 이는 업무 효율에 영향을 미치는 가장 큰 걸림돌이 되기도 한다.

협업은 언제든 좋은가?

브레인스토밍이나 노사협상 등 팀의 형식으로 진행하기에 부적절한 업무도 있다. '팀의 창의력'에 대한 연구에 따르면, 회의를 하는 형식으로 창의력 관련 업무를 진행할 경우 세 명의 제갈량도 한 명의 갖바치만 못한 상황이 벌어질 수도 있다는 것이다. 아이디어를 낸 직원의 유리한 기회가 아이디어를 하나도 내지 않은 직원에게 넘어갈 수 있으며, 자신이 제출한 아이디어가 쥐도 새도 모르게 묻혀 쉽게 자기 생각을 이야기하지 못하는 상황이 발생하기도 하기 때문이다. 그래서 이와 같은 창의력을 모으기 위한 회의는 팀원 전체를 무능하게 만들어 버릴 수 있다.

버지니아 대학교의 신경학자 리드 몬터규의 연구에 따르면, 창의력을 모으기 위한 회의는 시간낭비일 뿐 아니라, 지능에도 부정적인 영향을 미칠 수 있다고 한다. 이러한 상황에서 팀원들은 초조함을 느끼며 특히 여성들은 극도의 스트레스를 받기 때문이다. 따라서 팀장은 업무에 따라 공개토론 형식으로 진행할지 말지를 선택하는 게 좋다.

취업할 때
알아야 할 것들

수많은 회사의 문을 두드릴 것인가?

여러 회사에 이력서를 다발식으로 뿌리는 '분산' 전략의 구직자는 취업에 성공하기가 어려울 수 있다. 하나에 집중하지 못하기 때문이다. 매사추세츠 공과대학교 행동경제학과의 댄 애리얼리 Dan Ariely 교수는 선택지가 다양할수록 결정하기 어려워진다고 말한다. 하나에 집중하기 위해서는 과감한 용기가 필요하다. 때로는 자신이 선택한 한 가지 전략이 물거품이 돼서 참을 수 없을 때도 있을 것이다.

실험에서 애리얼리는 대학생들에게 컴퓨터 게임을 하게 했다. 모니터에는 빨간색, 초록색, 파란색 문이 있는데 마우스로 클릭하면 문이 열린다. 그리고 다시 안쪽 문을 클릭하면 랜덤으로 돈을 따거나 잃게 된다. 사람마다 100번의 기회가 주어지며 최대한 많은 돈을 따는 게 게임의 목적이다. 그런데 클릭하지 않은 나머지 문은 점점 작아지다가 화면에서 사라진다. 문이 사라지지 않게 하려면 돈을 딸 수 있는 클릭 기회를 포기해야 하고, 클릭하지 못해 임의로 문이 사라지면 다른 문으로 더 많은 돈을 딸 기회를 잃게 된다.

실험에서 문이 점점 작아지는 모습을 본 사람들은 서둘러 문을 클릭했다. 사라지고 있는 문 뒤에 더 많은 보상이 기다리고 있을지도 모른다는 걱정 때문에 문이 사라지지 않도록 열심히 클릭하는 것이다. 하지만 가장 좋은 전략은 사라지려고 하는 문보다 이미 열린 문을 최대한 많이 클릭하는 것이었다.

또 다른 실험에서는 화면에서 문이 사라지지만 참가자는 클릭만 하면 아무 때나 문을 불러올 수 있으며 클릭 횟수도 차감되지 않는다. 그러자 참가자는 문이 사라져서 돈을 딸 기회가 줄어들 걱정을 하지 않아도 되었다. 하지만 그들은 여전히 문이 사라지지 않게 노력했다. 문이 닫힐 때 느껴지는 고통을 피하고 싶었기 때문이다. 그들은 문이 닫히는 것을 실패로 받아들였고 대가를 치러서라도 심리적인 좌절감이 생기기 않도록 노력했다. 그 결과 게임에서 얻은 보상은 아주 적었다.

이력서를 쓸 때도 마찬가지다. 반드시 몇 개의 문을 닫고 채용

될 확률이 높은 회사를 선택해 집중적으로 전략을 짜는 게 좋다. 어떤 면접관이든 자신의 회사에 관심이 많은 지원자를 선택하게 되어 있다.

면접의 기술

면접 시간과 순서는 면접관의 결정에 큰 영향을 미친다. 특히 '초두효과primacy effect'와 '최신효과recency effect'로 인해 면접이 끝난 뒤에 가장 인상에 남는 사람은 첫 번째와 마지막 지원자다. 중간에 좋은 점수를 받은 지원자가 있다고 해도 면접관은 그가 첫 번째나 마지막 지원자였던 걸로 헷갈린다. 그렇다 보니 첫 번째로 면접을 보기 위해 지원자 간의 경쟁이 치열하다. 그러나 만약 첫 번째 순서를 놓쳤다면 마지막에 면접을 보는 게 유리하다.

성실성은 면접관이 가장 중요하게 생각하는 요소로 거짓으로 작성한 이력서는 가장 치명적인 실수가 될 수 있다. 일반적으로 면접관은 질문을 통해 구직자의 성실성을 시험한다. 따라서 구직자가 성실한 태도를 보여 준다면 합격할 가능성이 크다. 또한 면접관은 구직자의 미세한 표정까지 눈여겨보기 때문에 질문을 받으면 잘 모르는 것을 억지로 아는 척 하기보다는 최대한 솔직하게 대답하는 것이 좋다.

직장 내 정신적 폭력은
어떻게 나타나는가?

뉴스를 보면 직장인이 건물에서 투신했다는 기사나 어떤 기관의 대표가 우울증 때문에 자살했다는 기사가 종종 나온다. 그러나 매스컴에서는 자살했다는 소식만 전할 뿐, 자살을 선택한 원인에 대해서는 알려 주지 않는다. 사실, 많은 직장인이 이렇게 자살하는 이유는 바로 정신적 폭력 때문이다.

미국 직장폭력연구소는 직원을 공격하는 행위는 근무환경을 적대적으로 만들며 '직장 폭력'에 대해서 직원의 신체 또는 정신에 부정적인 영향을 미치는 모든 신체 및 언어 공격, 협박, 강요, 공갈, 그리고 다양한 형식의 소란이라고 정의했다.

중국의 한 조사에 따르면, 70%의 직장인이 정신적 폭력을 경험한 적이 있고, 주로 무시와 억압, 강제 사직, 심리적 학대가 많았다고 한다. 이렇게 장기적인 무시와 조롱 등의 정신적 폭력을 경험한 사람은 부정적인 감정에 사로잡힌다. 한 조사 결과를 보면 60%의 응답자가 직장 내의 정신적 폭력으로 심각한 피로감을 느꼈으며, 50%는 우울증과 자신감 결여를 경험했다고 한다. 그리고 이러한 정신적 폭력은 흡연, 음주, 폭식 또는 인터넷 중독 등의 행동 문제와 수면 부족, 두통, 답답함, 놀람, 무∗식욕증 등의 신체 문제를 유발했다.

심각한 사실은 직장 내 정신적 폭력이 자살에 이르게까지 한다는 점이다. 노르웨이의 한 연구에 따르면, 괴롭힘을 당한 피해자의 40%가 자살 충동을 느꼈다고 한다. 일본 직장인에 관한 연구에서도 직장 내 괴롭힘은 자살을 선택한 주요 원인으로 밝혀졌다.

이처럼 직장 내 정신적 폭력은 피해자와 가족, 친구의 사회적 관계에 긴장감을 확대하고, 목격자에게 심각한 스트레스를 유발한다. 한 조사에 따르면 70%의 목격자가 불안함을 느끼며, 22%는 그로 인해 사직서를 제출했다고 한다.

타인을 함부로 대하는 사람의 특징

상사가 부하 직원에게 폭력을 쓰는 원인은 권위주의 문화 외에, 상사이 어릴 적 학대 경험도 중요한 작용을 한다. 폭력 순환이론에 따르면, 반복적이고 지속적인 폭력 환경은 동일한 가족 구성원을 폭력 행위자로 만든다고 한다. 다시 말해, 어릴 때의 학대 경험이 폭력 행위를 유발하는 것이다. 예를 들면 또래 친구들에게 거부당한 아이는 폭력 성향이 강했다. 특히 오랫동안 부모와 갈등이 있었던 사람은 마음에 아주 견고한 충동 저항 모델이 형성된다. 그리고 자신이 원하지 않는 일이 생길 때마다 이 모델이 작동하여 타인이 고의로 자신에게 대항하고 있다는 생각을 하게 되면서 쉽게 화를 내고 타인을 괴롭히게 된다. 실제로 직장 폭력 가해자 중에는 어릴 때 학대를 받았던 사람이 많다.

서던캘리포니아 대학교 심리학자 나다나엘 패스트는 무능한 사장이나 권력은 있지만 지위가 낮은 사람은 남들을 괴롭히길 좋아한다고 밝혔다. 이런 유형의 사장은 무능함을 느낄 때 부하 직원을 괴롭히는 방식으로 나약해진 자신을 지탱한다.

패스트는 몇 가지 심리학 실험을 통해 안전감이 부족한 상사의 자존심을 세워 주면 독단적인 행동이 줄어든다는 사실을 밝혀냈다. 즉, 직원들은 상사가 잘한다고 생각하는 분야에서 무능함이 느껴지지 않도록 노력해야 한다. 그 밖에도 상사의 기호나 업무 외의 성과로 아첨을 하는 것 역시 그들의 괴롭힘에서 벗어날 수 있는 하나의 방법이 될 수 있다.

한편, 어릴 때 부모에게 엄격한 훈육을 받으며 성장한 아이는 직장에 들어간 뒤 폭력의 피해자가 되기 쉽다. 4~6세 때 부모가 자유롭게 탐색할 수 있게 허락하지 않고, 항상 거절당한 아이는 자존심에 심각한 상처를 받으며, 자기 가치감과 안전감이 떨어진다. 따라서 그들은 참는 것만이 유일한 방법이라고 생각하는데 이것은 타인이 그들을 함부로 대하게 하는 원인이 된다.

정신적 폭력에 대처하는 방법

정신적 폭력을 당했다면 어떻게 대처해야 할까? 개나 원숭이도 불공평한 대접을 받으면 반응을 보인다. 비엔나 대학교의 동물 심리학자 프리데리케 랑에Friederike Range는 개 30마리를 한 줄로 세운 뒤 개 앞에 호밀빵과 소시지를 두고 한 사람이 한 마리의 개를 책임지고 훈련시키게 했다. 그리고 개들은 다른 개와 실험 조수가 어떻게 훈련하는지 지켜볼 수 있었다.

실험 조수는 개에게 '악수' 동작을 요구했다. 그러자 개는 다른 개들처럼 실험 조수와 악수를 했는데 자신만 보상을 받지 못하면, 입술을 핥고 하품을 하며 주변을 맴돌았다. 그다음에는 실험 조수의 요구를 따르지 않았다. 하지만 다른 개처럼 보상을 받으면 그 보상이 호밀빵이든 소시지든 관계없이 즐거운 마음으로 명령을 따랐다.

이처럼 개는 자신이 동료들과 같은 종류의 보상을 받았는지에는 신경을 쓰지 않고 호밀빵이든 소시지든 상관없이 보상만 해주면 명령을 따랐다. 하지만 영장류인 원숭이의 공평 의식은 개보다 강했다. 그들은 동료가 자신보다 더 많은 보상을 받으면 분노했다.

많은 사람이 정신적 폭력에 대해 격분하면서도 아무런 표현도 하지 못하는 이유는 실업에 대한 걱정 때문이다. 이들은 일자리를 잃을까 걱정하며 심지어 실제로 실업했을 때보다 몸과 마음에 더 큰 상처를 받기도 한다. 미시건 대학교의 사회학자 사라 버가드 Sarah Burgard는 일자리를 잃을까 걱정하는 사람에게서 실제로 실직한 사람보다 건강 문제가 더 많이 나타난다고 밝혔다. 그 원인은 자주 실업을 걱정하는 사람은 오랫동안 긴장과 불안 상태에 놓여 있기 때문이다.

일자리를 찾기 어렵다고 해도 직장에서 받은 정신적 폭력을 참기만 하는 것은 좋지 않다. 그렇다고 지나치게 강경한 방식으로 저항하는 것도 옳은 방법은 아니므로 열심히 기술을 익히고, 소통을 늘리며, 거절하는 방법을 배워 나가는 것이 좋다. 이렇게 해도 효과가 없다면 더 나은 전략을 강구해 봐야 한다.

초과 근무는
나쁜 아이디어다

　면접에서 초과 근무를 할 수 있는지 물어보는 면접관들이 있다. 이는 간단한 질문처럼 보이지만 사실 구직자의 성실함을 시험하기 위한 것이다. 그렇다 보니 일자리를 얻기 위해 초과 근무를 원하지 않는다고 솔직하게 말할 수 있는 구직자는 거의 없다.

　많은 직장인이 초과 근무를 원하지 않는 이유는 초과 근무 수당이 잘 나오지 않아서가 아니라, 오랜 업무가 건강에 부정적인 영향을 미치기 때문이다. 실제로 50% 이상의 질병이 초과 근무로 인해 유발되며 하루에 12시간 이상 근무하면 위험한 상황이 발생할 가능성이 37%에 달한다. 또한 성별과 나이를 고려한다면 초과 근무로 인한 위험성은 더 높아져서 60%까지 육박한다.

　이처럼 장기 근무가 위험한 이유는 이런 근무가 이루어지는 업

종이나 직업 자체가 위험한 직군에 속하며 사람이 주의력과 체력을 오랫동안 유지하기에는 한계가 있기 때문이다.

오하이오 주립대학교 심리학과 라우라 폰켄Laura Fonken 교수는 쥐를 이용한 실험을 한 결과, 야간에 인공조명을 많이 접촉한 쥐일수록 우울증 유발 가능성이 컸다고 밝혔다.

연구원은 건강한 쥐 24마리를 두 그룹으로 나누었다. 첫 번째 그룹은 하루 16시간은 밝고, 나머지 8시간은 어두운 정상적인 명암 주기로 이루어진 방에 넣었다. 두 번째 그룹은 종일 밝은 방에 넣었다. 3주 뒤, 정상적인 명암 주기 환경에 있던 쥐에 비해 종일 밝은 방에 있던 쥐는 우울증 경향이 두드러졌다.

또한 교대 근무는 잠재적인 당뇨병을 일으킬 수 있는 하나의 위험 요소가 될 수 있다고 한다. 하버드 의과대학원 신경학자 오퓨 벅스턴Orfeu Buxton은 이를 증명하고자 건강한 성인을 스트레스 환경에서 6주간 지내게 했다. 처음 3주 동안은 음식 섭취와 활동 수준이 평소와 같았다. 그러나 나머지 3주 동안은 모의 교대 근무 환경을 조성하기 위해 수면시간을 하루 5~6시간으로 제한하고 낮에 잘 때도 있고 밤에 잘 때도 있었다. 또한 연구원은 그들의 수면시간을 바꾸고 4시간 항공기 시차의 영향을 받도록 설정했다. 그리고 이후 9일간의 '수면 회복'을 통해 정상적인 근무시간을 회복했다.

실험 결과, 근무시간이 불규칙적이면 인슐린을 분비하는 췌장 세포가 영향을 받아 식사 후에 혈당 수치가 크게 증가했다. 그러나 다행히 수면 회복을 통해 혈당은 정상으로 돌아올 수 있었다. 이는 가끔 야근이나 교대 근무를 하더라도 회복할 시간은 남겨 두어야 한다는 뜻이다. 따라서 간호사 등 교대 근무를 해야 하는 직장인은 휴가를 잘 챙겨야 한다.

야간 근무는 암을 유발할 수 있다

장기 야간 근무는 초과 근무와 교대 근무에 비해 신체에 미치는 손상이 더 크며, 심지어 암을 유발하기도 한다. 통계를 보면 야간 근무를 하는 사람이 유방암에 걸릴 비율은 정상 근무를 하는 사람보다 40% 더 높았다. 또한 매주 3회 이상 야간 근무를 6년 동안 하면, 유방암에 걸릴 위험이 1.3배 증가했다. 그리고 야간 근무를 하면서 아침에 일찍 일어나는 사람이 유방암에 걸릴 위험은 그냥 야간 근무만 하는 사람보다 네 배나 높았으며 밤샘근무자는 유방암에 걸릴 확률이 매우 높았다.

그런데도 10~20% 여성이 간호사 및 기타 서비스직과 같은 야간 근무를 하고 있으며 이들의 건강 상태는 좋지 않은 편이다. 50% 이상의 간호사는 출근할 때 지나친 피로를 호소한다. 물론 야간 근무는 남성에게도 질병을 유발하며 전립선암에 걸릴 확률을 증가시킨다.

물론 야간 근무가 유방암과 전립선암을 유발하는 주요 원인이라고 할 수는 없지만, 결코 무시할 수만도 없다. 야간 근무를 피할 수 없다면 1주일에 3회 이하로 제한하고, 아침에 일찍 일어나는 사람은 야간 근무를 줄이는 것이 좋다.

라우라 폰켄의 연구를 종합적으로 살펴보면, 야간 근무를 하는 사람이 암에 걸릴 가능성이 큰 이유는 조명이 암 예방에 도움이 되는 멜라토닌의 생성을 감소시키기 때문이다. 그리고 야간 근무를 하는 사람은 수면의 질이 높지 않아서 면역력이 떨어지고 종양세포의 생성을 억제하지 못한다. 또한 야간 조명은 인체 바이오 시계를 어지럽혀서 스트레스를 가중시킨다.

업무 스트레스가 큰 직장 여성의 경우에는 심장병에 걸릴 위험도가 높아진다. 덴마크의 이르사 안데르센 헌드럽Yrsa Andersen Hundrup은 업무 스트레스가 '매우 크다'고 느끼는 여자가 '보통'이라고 느끼는 여자보다 심장병에 걸릴 확률이 50%나 더 높고, 흡연 등 생활습관을 종합적으로 고려했을 때에도 35% 더 높다고 밝혔다. 그는 이러한 15년간의 추적 조사 끝에 업무 스트레스와 연령이 심장병을 유발하는 중요한 요소라는 사실을 밝혀냈다.

PART 3

이성의 마음을 사로잡는 기술
연애의 심리학

사랑에 빠지는 데
걸리는 시간은?

한번쯤 누군가에게 첫눈에 반해 본 적이 있을 것이다. 마치 핀 조명이 비춰지듯 오직 한 사람만이 시선에 꽂히는 신기한 경험을 하게 된다. 어린 소녀들은 모두 이런 영화 같은 사랑을 꿈꾼다. 백마 탄 왕자가 나타나 자신을 보자마자 첫눈에 반해 따라다니며 애정공세를 해 주길 바란다. 하지만 나이가 들수록 아름다운 사랑에 대한 기대는 절망으로 바뀌고 세상에 첫눈에 반하는 사랑은 없다고 치부해 버린다. 첫눈에 반하는 사랑은 정말 존재하는 걸까?

소개팅 3초 만에 만남의 여부를 결정한다
펜실베이니아 대학교 심리학과의 로버트 커즈번Robert Kurzban 교수는 소개팅을 하는 사람들이 상대방을 본 지 3초 만에 계속 만날 사람인지 아닌지를 결정한다고 말했다. 실제로 소개팅을 하기 전에 이상형이 있던 사람이 전혀 다른 타입의 사람과 인연이 되거나, 소개팅에 전혀 관심이 없던 사람이 오히려 초고속으로 사랑에 빠지기도 한다. 이는 상대를 보는 즉시 자신의 배우자가 될 수 있을지 빠르게 판단하기 때문이다.

커플 매칭 프로그램을 이용하면 자신의 종교, 수입, 키, 피부색, 나쁜 버릇 등의 자료를 작성하고 원하는 이상형에 대한 세부 사항을 자세히 밝힌다. 그러면 매니저는 자료를 바탕으로 완벽한 이상형을 매칭시키지만 실제 만나면 실망하는 경우가 많다. 이와 같은 일이 발생하는 이유는 무엇일까? 바로 첫 만남 자리에서는 자료에 따라 상대방을 평가하는 게 아니라 직감적으로 평가하기 때문이다.

특히 소개팅을 할 때는 상대방에 대한 자세한 정보 없이 짧은 시간 안에 판단해야 하기 때문에 최종 선택을 할 때 첫인상에 의존하는 경향이 강하다. 이는 마트에서 물건을 살 때와 같다. 사야 할 물건의 브랜드와 모델이 많을수록 결정하기 어렵고 꼼꼼히 살펴보기가 힘들다. 그러므로 짧은 시간 안에 많은 사람과 소개팅을 하는 경우에는 상대방의 나이, 키, 학력, 직업보다는 얼굴에 집중하게 된다.

연구에 따르면, 사람이 사랑에 빠지는 데 걸리는 시간은 생각보다 훨씬 짧았다. 시러큐스 대학교의 스테파니 오티그Stephanie Ortigue 교수는 대뇌 촬영을 통해 사랑은 오랜 시간에 걸쳐 서서히 물들어 가는 게 아니라, 5분의 1초 만에 시작된다고 밝혔다. 그러니 결론적으로 첫눈에 반하는 사랑은 반드시 존재한다.

너의 냄새가 좋아

동물들은 서로의 체취를 맡으며 상대가 적인지, 친구인지를 판단한다고 한다. 사람은 어떨까? 두 사람이 만나 '체취를 주고 받으면' 자연스럽게 감정이 생긴다고 하는데 이는 정말 과학적 근거가 있는 것일까?

미국 노스웨스턴 대학교의 리원 교수 연구팀은 대학생을 대상으로 세 가지 냄새(레몬 향, 벤즈알데히드 향, 땀 냄새)를 맡게 했다. 그러고는 한 가지 냄새를 맡고 1, 2초 뒤에 사진을 보여 준 뒤, 사진 속 인물의 호감도를 '아주 호감'부터 '아주 비호감'까지 총 6등급으로 표시하게 했다.

그 결과, 향이 약해서 구별하기 어려웠음에도 학생들은 레몬 향을 맡았을 때 가장 좋게 평가했다. 이는 냄새가 타인에 대한 호감도에 영향을 미친다는 사실을 말해 준다. 즉, 누군가를 좋아하면 시각과 청각뿐 아니라, 아주 미미할지라도 후각 역시 큰 역할을 한다.

말투가 비슷할수록 관계가 좋다

두 사람의 말투와 언어 습관이 비슷하면 서로에게 호감을 느낄 가능성이 크다. 말투가 사랑에 미치는 영향을 연구하기 위해 텍사스 대학교 심리학과 제임스 페니베이커James Pennebake 교수 연구팀은 실험에서 20세 전후의 남녀를 스피드 데이트(한때 중국에서 유행했던 데이트의 일종)에 참가했는데 대부분 말투가 잘 맞는 사람을 짝으로 선택했다. 즉, 말투가 잘 맞을수록 깊이 교제할 가능성도 커진다는 뜻이다. 만약 두 사람의 말투와 행동이 비슷하다면 그 커플은 좋은 관계로 발전할 수 있다. 이는 표현 방식이 유사하면 상대방의 관심을 끌 수 있다는 사실을 보여 준다.

한 실험에서 첫 데이트에서 두 사람 간에 말투의 유사성이 평균치 이상이면 약 30%의 커플이 실제 연인으로 발전할 가능성이 있었고, 평균치 이하라면 두 사람의 관계가 발전할 가능성은 9.1%에 그쳤다. 또한 교제한 지 반년 이상 된 연인의 말투 유사성이 평균치 이상이면 앞으로 오랜 기간 데이트할 가능성은 76.7%에 달했지만 말투의 차이가 크다면 금방 헤어질 가능성이 46.5%나 되었다.

진정한 사랑에 대한 남녀의 판단 시섬은?

조사에 따르면, 60%의 결혼 적령기 남녀가 짝사랑 경험이 있으며 20%의 사람은 매년 두세 명과 짝사랑에 빠진다고 답했다. 특히 주로 청소년기에 짝사랑에 빠지는데, 그 이유는 그 시기가 상상력이 풍부하고 자신의 감정을 잘 통제하지 못하는 시기이기 때문이다.

또한 20%의 남성이 여성에게 첫눈에 반한 적이 있다고 답했고 50%가 상대를 단 한 번만 보고도 사랑에 빠졌다고 답했다. 그리고 75%가 데이트를 3회 미만으로 했을 때 여성에게 마음을 빼앗겼다고 답했다. 반면, 여성은 약 10%만이 첫눈에 반한 경험이 있다고 답했다. 그리고 대부분 데이트를 6회 정도 했을 때 '정말 괜찮은 남성'을 찾았다는 판단을 했다고 한다.

다시 말해, 남성은 흠모하는 여성과 하루도 채 대화해 보지 않고 상대를 진정한 사랑이라고 판단했고, 여성은 더 많은 시간이 지난 뒤에야 진심을 확신한다는 것이다. 이는 여성이 중요한 결정을 내릴 때 더 신중하게 생각하는 습관을 지니고 있기 때문이다.

배우자를 고르는
남녀의 차이

남성이 예쁜 여성을 배우자로 선택하는 것은 진화의 본능이다. 얼굴이 아름다운 여성은 후손을 번식하는 데 더 유리하다고 생각하기 때문이다. 반면 여성은 결정을 내리는 데 주저하는 편이다. 위기 앞에서 남성이 어떻게 대처하는지를 알아봐야 하기 때문이다. 여성은 겉으로는 괜찮은 남성 같아 보여도 상대의 인품과 성격, 재산을 꼼꼼히 따져 보고 싶어 한다.

외모가 배우자를 선택하는 데 미치는 영향을 자세히 연구하기 위해 네덜란드 심리학자 마르크 판 퓌히트Mark van Vugt 연구팀은 실험을 진행했다.

그 결과, 남성은 아름다운 여성을 보았을 때 쉽게 마음을 빼앗겼지만 여성은 열심히 일하는 남성에게 관심을 보였다. 또한 여성이 순간적인 판단을 내리는 데 걸리는 시간은 알려진 것보다 짧았지만, 남성이 아름다운 여성에게 마음을 빼앗기고 상대를 좋은 배우자라고 판단하는 데 걸리는 시간은 이보다도 훨씬 짧았다.

여성의 배우자 선택 조건

당연한 이야기겠지만 남성이 아름다운 여성에게 마음을 빼앗기는 것처럼 여성 또한 잘생기고 건장한 남성을 좋아한다. 이유는 외형이 멋진 남자가 건강한 유전자와 맑은 영혼을 가졌다고 생각하기 때문이다. 반면에 외형적으로 매력이 없는 남성은 질병이나 돌연변이로 인해 후대를 번식하는 데 불리하다고 여긴다. 원시사회에서는 용맹하고 강인한 남성이 자연재해에 저항하고, 자연과의 전쟁에서 생존하는 데 유리했기 때문에 지금까지도 그런 체형이 생존 능력의 외적인 특징으로 자리 잡았다. 또한 시간이 흐르고 인류가 진화하면서 자연환경은 인간에게 더욱 큰 도전 과제로 다가왔고, 이때 멋진 외형의 남성은 건강한 육체와 정신을 상징했다.

폴란드 브로츠와프 대학교 보그슬라프 폴로프스키Boguslaw Pawlowski 교수의 연구에 따르면, 평범한 외모의 여성이 더 잘생기고 건장한 남성을 배우자로 원하며 둘 사이에서 더 예쁜 아기를 낳고 싶어 한다고 밝혔다. 유전학적으로 봤을 때, 부모의 외모가 뛰어나면 자녀도 예쁘고 잘생길 확률이 더 높다. 그래서 상대적으

로 아름다운 여성은 자신이 이미 우월한 외모를 가졌으므로 남성
의 외모에 그다지 신경 쓰지 않는다. 대신 이들은 남성의 재산과
사회적 지위를 더 중요시한다.

  여성이 배우자를 선택하는 데 있어 남성의 외모 외에 목소리도
큰 영향을 미쳤다. 남성의 낮고 깊은 목소리는 건장한 체격과 잘
생긴 얼굴보다 더 매력적인 요소가 될 수 있다.

  하버드 대학교 인류학자 코렌 에피셀라Coren Apicella 교수 연구팀
은 탄자니아 하드자 부족의 남녀 목소리와 자녀의 수를 조사하여
기록했다. 이들이 하드자 부족을 선택한 이유는 일부일처제를 계
승하고 산아 제한 조치가 없는 부족이기 때문이었다. 또한 그들의
생활방식은 인류 진화의 역사를 반영하고 있는데 그들은 단체생
활을 하며 여성은 과일과 식물을 채집하고 남성은 밀봉을 수집하
거나 동물을 사냥했다.

  조사 결과, 낮고 두꺼운 목소리를 가진 남성이 높은 목소리를
가진 남성보다 자녀의 수가 많았다. 목소리 톤이 낮은 남성은 테
스토스테론 수치가 비교적 높았고 많은 여성의 관심을 받았다.
그러나 원래 오래전 남녀의 목소리는 비슷했다고 한다. 다만 진
화를 거치면서 남성은 바리톤의 유전자가 우세해져 저음이 된 것
이다. 이처럼 어릴 때는 여자아이들과 비슷한 목소리를 가졌던

남자아이가 사춘기 때 테스토스테론이 분비되기 시작하면서 변성기가 시작된다.

낮은 목소리 외에 약손가락의 길이로도 남성의 테스토스테론 수치를 파악할 수 있다. 테스토스테론 수치가 높은 남성은 성욕이 강한 편이다. 약손가락의 길이는 자궁 내 남녀 호르몬 함량으로 결정되며 유아기에 공급된 테스토스테론이 많을수록 약손가락의 길이가 길어진다. 이는 왜 남성의 약손가락이 집게손가락보다 길며 여성은 그 반대인지를 설명해 주는 최초의 연구다.

이 밖에도 여성은 사교적인 남성을 더 좋아하는데 이 역시 진화론적인 요소 때문이다. 실제로 성격이 밝고 외향적이며 남과 어울리기를 좋아하는 남성의 생식 능력은 아주 높은 편으로 평균 남성의 14%를 넘는다. 반면 여성은 정반대다. 신경이 아주 예민하고 쉽게 초조, 우울, 정서불안에 시달리는 여성의 생식 능력은 신경이 둔한 여성보다 12% 더 높다. 사회적 지위가 높은 여성일수록 이런 증상은 더욱 뚜렷하게 나타났다. 하지만 생식 능력이 높은 여성들의 체력지수는 오히려 매우 낮은 편이며 영양부족으로 보이기도 한다. 이는 생식 능력이 높은 여성이 치러야 하는 대가처럼 보인다.

남성의 재력 역시 여성의 관심을 끄는 중요한 수단이다. 이는 진화심리학의 특징과도 일치한다. 남성의 재산이 많고 사회적 지위가 높으면, 후대가 성장하기에 더 좋은 환경을 마련해 줄 수 있기 때문이다. 즉, 여성은 남성의 재력과 사회적 지위를 판단 기준으로 삼았다.

이탈리아 신경생물학자에 따르면, 인체에는 사랑이 시작될 때 느낄 수 있는 달콤한 물질인 뇌유래신경영양인자라는 단백질이 있다고 한다. 그래서 한창 사랑에 빠진 사람의 혈액을 살펴보면 기타 단백질 농도는 비슷하지만 이 단백질은 그렇지 않은 사람보다 52% 이상 더 많이 함유되어 있다는 것이다.

남성의 배우자 선택 조건

여성과 달리 남성은 배우자를 선택할 때 상대의 사회적인 지위를 고려하지 않는다. 대신 남성은 여성의 얼굴과 몸매를 중요하게 생각한다. 연구에 따르면, 남성은 체중과 관계없이 콜라병 몸매를 가진 여성에게 더 매력을 느낀다고 한다. 따라서 몸집이 크더라도 가는 허리에 풍만한 엉덩이를 가졌다면 매력적으로 보일 수 있다.

남성들이 이처럼 허리 대 엉덩이의 비율을 중시하는 이유는 진화론에서 찾아볼 수 있다. 엉덩이와 허벅지 지방에 함유된 DHA는 태아의 대뇌 발육에 반드시 필요한 영양소다. 따라서 이 비율이 낮은 여성일수록 DHA가 많다. 반면 복부지방은 DHA 효소의 합성을 방해한다. 따라서 복부지방이 많을수록 아이의 대뇌 발육에 필요한 DHA 함량은 줄어든다.

이 결과를 토대로 피츠버그 대학교의 윌리엄 라세카William Lassekab 교수와 캘리포니아 대학교의 스티븐 가우린Steven Gaulinb 교수는 여성의 체형은 아이의 지능과 밀접한 관계가 있다는 결론을 내렸다. 연구원은 미국 국가건강통계센터의 대규모 데이터 분석을 통해 교육 수준과 가정 수입 등의 요소를 조사하여 평균값의 가정에서 태어난 자녀의 인지 능력을 검사한 결과, 허리 대 엉덩이 비율이 낮은 여성이 낳은 자녀의 인지검사 점수가 더 높다는 사실을 발견했다.

이 밖에도 일반적으로 남성과 여성은 모두 자신과 비슷하게 생긴 이성을 선호하며 그런 이성에게 신뢰감을 느꼈다. 남성은 어머니와 비슷하게 생긴 배우자를 원하며, 여성은 아버지와 비슷하게 생긴 배우자를 원했다. 하지만 어린 시절 스트레스가 큰 가정환경이었다면 남성은 오히려 자신과 다르게 생긴 이성에게 더 끌렸다. 이는 스트레스가 배우자 선택에 영향을 미친다는 사실을 보여 준다. 즉, 자유로운 연애에서는 어머니와 닮은 여성을 선택하고, 결혼을 독촉받은 남성은 자기와 정반대의 여성 타입을 만날 확률이 높다.

남녀는 배우자를 선택하는 조건에서 차이를 보였지만, 한 가지 공통점도 있었다. 캐나다의 심리학자 필리페 러시턴^{Phillippe Rushton}은 20년간의 오랜 연구를 통해 사람은 친구나 배우자를 고를 때 본능적으로 자신과 비슷한 사람에게 끌린다는 것이다. 이러한 현상은 왜 발생하는 것일까? 바로 유전자 때문이다. 쌍둥이의 배우자들이 아주 닮은 이유도 바로 여기에 있다. 물론 친구나 배우자를 선택할 때 유전자가 미치는 영향은 한계가 있다. 하지만 비슷한 유전자는 우정과 행복한 결혼생활의 기초가 되며, 문제 상황에서도 중요하게 작용한다.

이성을 사로잡는
6가지 매력 법칙

연애는 사적인 영역이어서 보편적으로 적용할 수 있는 매력 법칙은 없다고 생각하는 사람들이 많다. 하지만 인디애나 대학교 심리학과 스카일러 플레이스Skyler Place 교수는 배우자를 선택할 때 사람들은 남의 말을 잘 듣는다고 말한다. 따라서 연애에도 보편적인 매력 법칙이 적용될 수 있다.

실험에서 남녀 대학생에게 스피드 데이트 영상을 보여 주고 화면 속 인물들에 대한 호감을 평가하게 했다. 그 결과, 스피드 데이트에 참여한 사람들의 감정과 판단에 영향을 받았다. 마치 마트에서 물건을 구매하면 딸려오는 상품처럼, 남들이 좋다고 하는 물건은 내게도 괜찮은 선택으로 느껴지는 것이다. 이와 마찬가지로 배우자를 선택할 때 역시 가족이나 친구들의 의견을 듣고 싶어 하며, 모르는 사람의 말 한마디에도 판단이 좌우된다. 이는 자신에게 맞는 물건을 사고 싶어 하는 심리와 비슷하다. 지금부터는 이성을 사로잡을 때 적용되는 6가지의 매력 법칙을 살펴 보자.

법칙 1 대칭을 이루는 사람이 더 매력적이다

사람은 대칭적인 물건을 좋아한다. 조경, 배치, 건축 등에서도 대칭은 조형물의 중요한 요소로 여겨진다. 이는 연애를 할 때도 적용된다. 사람들은 상대방이 대칭적인 얼굴과 신체를 가질수록 더 매력적으로 느낀다. 진화론에서도 비대칭적인 신체는 질병이나 힘든 상황을 불러올 수 있으므로 그런 배우자는 좋은 선택이 아니라고 주장한다.

영국 진화심리학자 윌리엄 브라운William Brown 연구팀은 3D 촬영기로 77가지 신체 실루엣 이미지를 만들었다. 그리고 지원자들에게 이성의 신체 매력도를 평가하게 했다. 그 결과, 야성미 넘치고 대칭적인 신체를 가진 남성과 부드러운 곡선과 대칭적인 신체를 가진 여성을 가장 매력적으로 꼽았다.

미인대회의 우승자나 모델을 보면 아주 매력적이며 가늘고 아름다운 다리를 가지고 있다. 다리의 길이도 매력과 관련이 있을까? 확실히 그렇다 폴란드 심리학자 표트르 소로코프스키Piotr Sorokowski는 남성뿐 아니라, 여성도 긴 다리를 가진 이성에게 매력을 느낀다는 사실을 증명했다.

실험에서 지원자들에게 14장의 사진을 보여 주었다. 사진 속 인물의 키는 그대로 두고 다리 길이만 평균 다리 길이보다 5%, 10%, 15% 길게 하거나 5%, 10%, 15% 짧게 만들었다. 그 결과, 지원자의 체형이나 키에 상관없이 다리가 평균보다 5% 긴 사람을 가장 매력적으로 꼽았다. 다리 길이가 평균이거나 평균보다 10% 긴 사람은 그다음으로 선정되었다.

실험 결과는 진화론의 원리에 잘 맞아떨어진다. 진화론적 관점에서 보면 긴 다리는 건강의 상징이기 때문이다. 다리가 긴 여성이 매력적인 이유 역시 사람들에게 건강하다는 느낌을 주기 때문이다. 다리가 긴 여성은 어릴 때 영양 상태가 충분했다는 사실을 말해 준다. 사춘기가 시작되면 여성의 다리는 성장을 멈추기 때문이다. 따라서 진화론적 각도에서 남성이 긴 다리의 여성을 좋아하는 이유는 후대에게 좋은 성장 환경을 제공하기 위해서라고 볼 수 있다.

그렇다면 여성이 배우자를 선택할 때 남성의 지능지수를 보는 것도 같은 이유 때문일까? 더 똑똑한 배우자를 선택하면 분명히 더 많은 자원을 가질 수 있고 후대에 더 좋은 유전자를 물려줄 수 있다.

한 발표에 따르면, 동물의 경우 지능지수가 높을수록 교배 기회

가 더 많다고 한다. 정원사새bowerbird의 구애 행동은 조류 중에서
도 가장 복잡하며 활발하다. 번식기가 되면 수컷은 숲 바닥에 특
별한 둥지를 만든다. 파란색 깃털과 반짝이는 유리조각 등 보기
힘든 물건들로 둥지를 장식한다. 그리고 독특한 소리를 내며 왔다
갔다 하면서 꼬리를 흔들어 암컷을 유혹한다. 이러한 수컷의 행동
은 암컷을 자극하기에 충분하다.

메릴랜드 대학교의 제이슨 키기Jason Keagy 교수 연구팀은 정원사
새 30마리를 대상으로 연구를 진행했다. 정원사새는 파란색을 좋
아하고 빨간색을 싫어한다. 그래서 첫 번째 실험에서는 빨간색 물
체 세 개를 둥지에 넣고 투명한 플라스틱 상자로 닫아 놓았다.

두 번째 실험에서는 바닥을 아예 빨간색 타일로 고정시켜 놓았다.

첫 번째 실험에서 일부 새는 아주 짧은 시간 안에 투명 플라스틱
뚜껑을 열고 빨간색 물체를 치웠지만, 어떤 새들은 아무것도 못 하
고 그저 바라만 보았다. 두 번째 실험에서도 일부 새는 나뭇잎으로
빨간색 타일을 가릴 줄 알았지만 그렇지 못한 새들도 있었다.

두 가지 실험 결과, 뛰어난 문제 처리 능력을 보여 줬던 수컷은
그렇지 못한 수컷보다 교배 기회가 2배나 많았다. 이는 동물의 지
능지수와 구애 성공률의 관계를 밝히고, 문제해결 능력이 뛰어난
수컷이 교배 횟수가 더 많다는 사실을 최초로 밝힌 연구였다.

그렇다면 지능지수와 매력의 상관관계가 사람에게도 적용될

까? 런던대학교의 심리학자 로잘린드 아덴Rosalind Arden은 남성 400여 명을 대상으로 지능 검사를 실시하고 그들에게서 기증받은 정자의 샘플을 분석했다. 그 결과, 지능이 높을수록 정자의 활동도 활발하다는 결론을 얻었다.

법칙 2 건강한 피부색

구릿빛 피부를 가진 남성은 이성의 시선을 더 끌 수 있다. 여성들은 본능적으로 건강한 피부색을 가진 남성을 선택한다. 남성은 대다수 여성이 근육질의 건장한 체격을 지닌 남성을 좋아한다고 생각하지만, 여성들이 주목하는 것은 남성들의 건강 상태로 이때 피부색은 아주 중요한 요소다.

세인트앤드루스 대학교의 비네트 쿠체Vinet Coetzee 교수는 18~26세 남성에게 여성들 사진을 보여 주고 건강 상태와 매력, 체중을 평가하게 했다. 그 결과, 남성들은 평균 체중의 여성을 가장 건강하고 매력적이라고 평가했다. 지나치게 마른 체형은 비만과 같이 젊은 남성들에게 환영받지 못했다.

그리고 여성의 눈물은 남성들의 성욕을 떨어뜨린다고 한다. 눈물에는 화학물질이 포함되어 있어서 남성의 열정을 급격히 떨어뜨린다. 여성이 눈물을 흘리면 남성의 마음이 흔들릴 거라고 생각하는 사람이 많은데 오히려 눈물은 여성에 대한 매력을 크게 감소시킨다.

실제로 여성의 눈물을 본 남성의 심박동, 호흡수, 타액에 함유된 테스토스테론 수치를 측정하고, 대뇌를 촬영한 결과를 보면 성욕이 떨어졌다는 사실을 알 수 있다. 눈물은 화학물질을 생성하고 이때 남성이 여성과 가까운 거리에 있다면 그는 이 화학 신호를 '수집'하게 되며 이것이 상대에 대한 매력을 크게 떨어뜨린다.

법칙 3 착한 남자 vs 나쁜 남자

나쁜 남자가 여성에게 접근했을 때 성공할 확률은 그렇지 않은 남자보다 훨씬 높았다. 뉴멕시코 주립대학교의 피터 요나손[Peter Jonason] 교수는 착한 남성과 나쁜 여성은 이성에게 매력적으로 보이지 않는다는 사실을 입증했다. 반면 자기애가 강하고 충동적이며 거짓말을 좋아하는 '어두운 성격'의 남성은 미인을 쟁취할 확률이 높았다. 이는 여성이 나쁜 남성을 보고 남성답다고 생각하며 우수한 유전자를 가졌다고 믿기 때문이다.

미국 브래들리 대학교의 데이비드 슈미트[David schmidt] 교수 연구팀은 57개국에서 온 35,000명을 대상으로 실험한 결과, 나쁜 남성이 여성에게 매력적으로 보인다는 사실을 입증했다.

하지만 여성은 어머니가 되고 나면 오히려 자상하고 헌신적인 남성에게 매력을 느낀다. 따라서 착한 남자는 단기적인 관계보다는 장기적인 관계로 발전할 가능성이 크다.

법칙 4 목소리와 유머

남성은 목소리 주파수 변화가 작을수록 이성의 관심을 끈다. 다시 말해 여성은 목소리가 단조로운 남성에게 매력을 느끼며 목소리의 높낮이 기복이 큰 남성에게는 흥미를 느끼지 못한다는 말이다. 이는 펜실베이니아 주립대학교의 데이비드 퍼츠David Puts 심리학 교수가 400명을 대상으로 상황에 따라 달라지는 목소리를 분석한 결과다.

단조로운 목소리는 강하고 독립적이며 지배적인 성향을 상징한다. 실제로 말하는 사람이 초조해하거나 두려워하면 주파수가 빨라지고 공격적이면 주파수가 느려진다. 그렇다 보니 단조로운 목소리의 주파수는 상대적으로 안정적이며 분위기를 장악하는 능력이 있다. 그래서 여성들은 이런 에너지를 가진 높은 지위의 남성에게 마음이 흔들리고 매력을 느끼게 된다.

영국의 한 조사에 따르면, 이성의 관심을 끄는 데 목소리는 아주 중요한 요소라고 한다. 그 증거로 조사에 응한 73%의 사람들이 상대의 목소리에 매력을 느낀다고 답했으며, 58%가 셰익스피어의 작품을 낭독하는 상대의 목소리를 듣고 성격을 판단했다. 또한 84%는 상대의 목소리를 듣고 관계를 발전시킬지 결정했다고 답했다.

그 외에 호감을 받는 가장 좋은 방법은 상대를 웃게 하는 것이다. 이때 유머는 자주 사용되는 수단이다. 뉴멕시코 대학교의 진화심리학자 질 그린그로스Gil Greengross 교수는 남성들이 자유롭게 자기소개를 한 내용을 녹음해 여성들에게 들려주었다. 그리고 남성의 매력을 평가하게 했다. 그 결과, 남성을 매력적으로 보이게 하는 가장 좋은 방법은 유머였다. 그중에서도 자조적인 유머를 하는 사람이 가장 매력적이라는 평가를 받았고 여성들이 가장 원하는 배우자로 꼽혔다.

이처럼 유머러스한 사람에게 매력을 느끼는 이유는 유머감각이 좋은 사람일수록 창의력도 뛰어나기 때문이다. 대만의 심리학자 천쉐즈는 캘리포니아 대학교의 심리학자 사라 메드닉Sara Mednick 교수가 만든 원격연상검사Remote Association Test를 이용해 유머러스한 사람일수록 원격연상 능력이 강하다는 사실을 입증했다.

법칙 5 긴 머리는 Ok, 하이힐은 No

어깨까지 오는 긴 머리를 가진 여성의 뒷모습은 언제나 남성들의 마음을 설레게 한다. 이처럼 아름다운 긴 머리카락을 가진 여성은 남성들이 꿈에 그리던 이상형과 일치한다. 남성은 왜 긴 머리 여성을 좋아할까?

머리카락은 여성의 정서와 자아의식을 반영한다. 짧은 머리는 노련함과 강한 자아의식을 상징하고, 긴 머리는 온화하고 친절한 성격을 상징한다.

실제로 남녀를 막론하고 사람들은 머리가 긴 여성을 매력적이라고 생각한다. 생물학적인 관점에서 남성은 언제나 건강하고 뛰어난 생식 능력을 가진 여성을 원한다. 일반적으로 어린 여성들이 주로 긴 머리 스타일을 추구하는데 이것은 강한 생식 능력을 가지고 있음을 뜻한다.

한편 여성들은 긴 머리가 남성들의 환영을 받는 것과 같이 하이힐을 신으면 다리가 더 길어 보여서 매력적으로 보일 거라고 생각한다. 하이힐이 여성의 다리를 길어 보이게 하는 것은 분명하지만, 과연 남성의 마음도 움직일 수 있을까? 이것은 여성들만의 착각에 불과하다. 사춘기 때 술을 마시고 담배를 피우는 행위가 멋있다고 생각하는 것과 같다.

영국 노섬브리아 대학교 심리학과의 닉 니브Nick Neave 교수는 남성은 여성의 하이힐에 관심이 없다고 주장했다. 사실 남성들은 대부분 여성이 어떤 신발을 신었는지 전혀 기억하지 못하며 하이힐에 관심 있는 남성은 거의 없었다. 반대로 여성은 하이힐에 신경을 많이 쓴다. 그러니 데이트할 때는 건강을 해치는 하이힐은 벗어던지고 긴 머리로 여성미를 강조해 보자.

법칙 6 가만히 응시하라

영화를 보면 그리움에 빠진 소녀가 한 손으로 뺨을 괴고 아득한 눈빛으로 먼 곳을 응시하는 모습이 나온다. 이런 소녀의 모습이 매력적으로 보이지 않는가?

영국 뉴캐슬 대학교 심리학과의 대런 버크Darren Burke 교수는 매력적으로 보이기 위해 가장 중요한 것은 고개의 기울어진 각도라고 말한다. 그는 이를 증명하고자 각기 다른 각도로 고개를 기울인 모델의 매력을 평가하는 실험을 진행했다.

이때 여성 모델은 고개를 약간 숙이고 눈을 위로 떴을 때 가장 매력적이라는 평가를 받았다. 반대로 남성 모델은 고개를 위로 들고 시선이 코를 향할 때 가장 매력적이라는 평가를 받았다. 이런 차이는 남녀의 키와 관련이 있다. 일반적으로 남성은 여성보다 크므로 여성이 고개를 약간 숙였을 때 더 여성스러워 보인다. 반대로 남성은 고개를 약간 든 모습이 더 남성스러워 보인다.

하지만 고개의 각도보다 남녀의 시선이 주는 매력이 더 크다. 만약 미소를 지으며 자신을 바라봐 주는 사람이 있다면 다정하고 부드러운 사람이라고 느낄 것이다.

사랑의 몸짓은
따로 있다

미국 빌라노바 대학교 심리학과 레베카 브랜드Rebecca Brand 교수
는 22~25세 남성 회원의 자료를 수집해 그들의 사진과 자기소개
를 별도로 분리했다. 그리고 여성들에게 그 자료를 근거로 상대방
의 매력을 평가하게 한 뒤 데이트할 마음이 있는지를 조사했다.
또한 사진 속 인물의 자신감, 남성미, 지능 수준 및 유머감각을 평
가하게 했다.

그 결과, 여성들은 사진을 보지 않고 남성이 쓴 자기소개서만 보
고도 대략 어떤 사람인지 판단할 수 있었다. 기준에 대한 요구는
자기소개에 드러나며 행간에서도 자신감이 표출되기 때문이다. 이
런 자신감은 한 번도 만난 적 없는 이성에게 일종의 '품질보증' 신
호를 전달하고 여성이 그들의 매력을 인정하게 만드는 것이다.

3초간 마주 보면 감정이 싹튼다

상대와 마주 보는 행위는 호감을 알아볼 수 있는 가장 효과적인 방법이다. 미국의 결혼 생활을 상담하는 컨설턴트들도 '깊은 눈맞춤'으로 서로 소통하고 부부간의 감정을 키워 나가라는 조언을 자주한다.

한 연구 보고서에 따르면, 남녀가 1초 미만으로 마주 보면 호감이 전혀 생기지 않지만 2초간 마주 보면 호감이 생기고 3초간 마주 보면 감정이 싹튼다고 했다. 그리고 4초간 마주 보면 감정이 깊어지고 5초 또는 그 이상 마주 보면 결혼까지 골인하는 경우가 많다고 밝혔다.

캘리포니아 대학교 심리학과 로버트 엡스타인Robert Epstein 교수는 '깊은 눈 맞춤'에 관한 실험을 진행했다. 그는 지원자에게 미소를 지은 채 애정 넘치는 눈빛으로 상대방을 8초간 바라보게 했다. 처음에는 웃음이 터져 나오던 지원자들도 시간이 흐르자 진지한 눈빛으로 상대를 바라보았다.

그 결과, 서로 마주 본 뒤의 스킨십은 평균 7% 증가했고, 호감은 11%, 친밀도는 45% 상승했다. 또한 서로 2분 또는 그 이상 마주 보았을 때는 89%나 서로에 대한 친밀도가 증가했다.

남성의 진심을 알 수 있는 행동

여성과 남성이 만날 때 가장 힘든 상황은 상대방이 자신을 진심으로 좋아하는지 평생 함께하고 싶은지, 아니면 하룻밤 상대로만 생각하는지 알 수 없을 때다.

사실 남성의 눈빛은 숨길 수 없다. 여성을 오래 응시할수록 깊은 사랑에 빠져 있다는 증거다. 또한 남성이 여성의 머리카락을 쓸어 올리거나 겉옷의 먼지를 털어 준다면 이는 상대방을 마음에 두고 있다는 의미다. 남성은 여성의 관심을 끌고 싶을 때, 그녀의 세세한 것까지 관찰한다. 그 외에도 남성이 여성과 이야기할 때 양손으로 어깨를 감싸며 느슨한 태도를 취하는 것은 상대방이 자신을 친근하게 느끼길 원한다는 뜻이다. 남성은 좋아하는 사람 앞에서 지나치게 강한 모습을 보여 주길 원하지 않고 상대방과 같이 있어서 편하다는 느낌을 전달하고 싶어 하기 때문이다.

'고백'은 간단하지 않다

배우자를 선택할 때 여성은 키스로 남성의 마음을 판단하기도 한다. 키스를 하면 상대방의 냄새와 입속 느낌, 치아의 상태를 파악할 수 있기 때문이다. 이는 올브라이트 대학교 심리학과 수전 휴스Susan Hughes 교수의 연구 결과다. 한편 그는 남성에게 키스는 큰 의미가 없으며 단지 섹스로 가기 전 단계에 불과하다고 밝혔다.

매사추세츠 공과대학교의 조슈아 애커먼Joshua Ackerman 연구원은 현재 연애 중이거나 연애 경험이 있는 성인을 조사한 결과, 남성이 여성보다 먼저 '사랑해'라고 고백한 비율은 61.5%에 달한다고 발표했다. 보통 이들은 연애를 시작한 지 100일 정도 되었을 때 사랑 고백을 했으며 여성은 남성보다 6주 정도 느렸다.

남성은 연애할 때 빨리 성관계를 하고 싶어 한다. 따라서 남성은 최대한 빨리 연인에게 '사랑해'라는 고백을 들으려 하며, 이 세 글자를 관계를 가져도 된다는 신호로 받아들인다. 반면 관계를 가진 뒤 여성에게 '사랑해'라는 말을 들은 남성은 상대방을 책임져야 한다는 두려움을 느끼기도 한다.

남성이 관계를 갖기 위해 여성의 환심을 사는 행위는 수컷 긴꼬리원숭이에게서도 찾아볼 수 있다. 싱가포르 난양 이공 대학교의 마이클 거머트Michael Gumert 교수는 수컷 긴꼬리원숭이가 성관계를 갖기 위해 털을 정돈하고 기생충을 잡아 주는 등 암컷의 비위를 맞춘다고 밝혔다. 물론 암컷도 수컷을 위해 털 관리를 해 주지만 이는 수컷과의 성관계를 원해서가 아니라, 수컷과의 관계를 알려서 새끼가 다른 수컷의 공격을 받지 못하도록 보호하기 위해서다.

남성과 여성,
누가 더 바람기가 있을까?

　남녀 중에서 '누가 더 바람기가 많은지'는 논쟁이 끊이지 않는 주제다. 일부 심리학자는 남성이 여성보다 바람기가 많다고 주장한다. 3,000여 명을 대상으로 조사한 결과, 남성은 하루 평균 43분 동안 열 명의 여성을 쳐다보고, 1년간 미녀를 보는 데 약 11일의 시간을 소비한다고 한다. 반면 여성이 남성을 보는 시간은 생각보다 많지 않은데 하루 평균 20분 동안 약 여섯 명의 남성을 쳐다본다는 것이다.

　그러나 이러한 주장은 진화심리학계의 반발을 불러올 것이다. 진화심리학에서는 여성이 남성보다 배우자를 찾는 데 더 많은 시간을 할애한다고 주장한다. 예를 들어 이스트 앵글리아 대학교 생물학과 매슈 게이지Matthew Gage 교수는 끊임없이 암컷이 다른 성

파트너를 찾는 것은 생물이 진화하는 데 반드시 필요한 과정이라고 밝혔다. 또한 이런 본성은 침팬지, 닭, 연어뿐만 아니라 인간에게서도 예외 없이 나타난다는 것이다. 따라서 이들은 남성보다 여성이 바람기가 더 많다고 주장한다.

여성의 배란기 때 일어나는 일

여성이 남성보다 바람기가 많다는 주장을 한 사람은 게이지 교수뿐만이 아니다. 캘리포니아 대학교 심리학과의 마티 하셀턴 Martie Haselton 교수는 여성의 바람기는 배란기와 배란기 며칠 전에 가장 왕성하다고 밝혔으며 만약 이 기간에 남편보다 매력적인 남성을 만난다면 배우자를 배신하고 새로운 애인을 구할 가능성이 크다고 말했다.

특히 하셀턴 교수는 여성이 배란기에 더 치장하길 좋아한다는 사실에 주목했다. 매달 배란기가 돌아오면 여성은 평소보다 더 화려한 옷을 입는데 이는 임신하기 좋은 시기임을 알리는 것과 같다. 더 많은 후손을 남기기 위해 본능적으로 진화에 유리한 행동을 하는 것이다. 이런 현상은 다른 동물도 마찬가지다. 배란기에 암고양이는 암내를 풍기며 울고, 암캐는 물속에서 강력한 호르몬을 발산하여 수캐를 유인한다. 그리고 암쿠끼리는 낮은 소리로 울며 근처에 있는 수코끼리의 관심을 끈다. 실제로 배란기 여성은 이성에게 더 매력적으로 보인다고 한다.

체코의 카를로바 대학교의 인류학자 얀 하블리섹Jan Havlicek 연구팀은 남성 그룹을 대상으로 성적 강점 검사를 실시했다. 그리고 여성은 남성의 체취를 맡고 성적 매력과 남성미를 평가하게 했다.

그 결과, 배란기 여성은 성적 강점 검사에서 높은 점수를 받은 남성의 냄새를 더 좋아했으며 배란기가 아닌 여성은 그런 경향을 보이지 않았다. 이는 배란기 여성은 배우자에게 충실하지 못할 가능성이 크며, 남편보다 남성미가 강한 다른 남성에게 더 끌린다는 사실을 보여 준다.

이는 뉴멕시코 대학교의 심리학자 스티븐 갠저스태드Steven Gangestad의 연구에서도 입증되었다. 그의 실험에 따르면, 남성미가 부족한 남성일수록 상대방 여성이 배란기에 바람을 피울 확률이 높았다고 한다. 특히 여성스럽게 생긴 남성의 애인은 배란기에 다른 남성에게 더 매력을 느꼈다.

이처럼 배란기 여성은 좌우를 두리번거리며 무의식적으로 야성미 넘치는 남성을 찾는다. 여성은 배란기가 되면 남의 떡이 더 커 보이는 것처럼 느껴지지만, 다른 시기에는 그렇지 않다. 배란기에 야성미 넘치는 남성에게 끌리는 이유는 우수한 유전자를 원하기 때문이다.

여성은 숨기고, 남성은 잘 알아챈다

여성은 바람을 피우면 남편에게 들통나기 쉽다. 버지니아 대학교 심리학과 폴 앤드루스Paul Andrews 교수는 남성이 여성보다 쉽게 배우자를 의심하며 바람피운 사실 또한 잘 잡아낸다고 주장했다.

그러나 사실 남성이 아내나 애인을 배신하는 비율은 여성보다 비교적 높은 편이다. 여성은 최소한 1번 이상 바람을 피운 확률이 18.5%에 불과하지만 남성은 약 29%라는 통계를 보면 잘 알 수 있다.

하지만 남성은 여성보다 배우자의 외도를 더 쉽게 발견해낸다. 통계를 보면 여성이 남성의 외도를 눈치챌 확률은 80%인 반면, 남성은 94%에 달했다. 이는 남성이 간통 현장을 잡는 데 더 소질이 있다는 뜻인데 남성이 여성보다 의심이 많고 터무니없는 트집을 잘 잡아내기 때문이다.

또한 남성은 혼외정사를 했다는 사실을 밝히는 데 정직한 편이지만, 여성은 숨기려 한다. 통계를 봐도 여성은 남성보다 혼외정사 사실을 숨기려는 비율이 10% 더 높았다. 자신에 대한 모든 정보를 투명하게 밝히지 않는 것이다. 이처럼 여성은 남성보다 숨기는 능력이 뛰어나며 남성은 간통 현장을 발견하는 능력이 뛰어나다. 이는 '고양이와 쥐' 게임과 같다. 남성은 수단과 방법을 가리지 않고 간통 현장을 발견하려고 하며 여성은 나날이 숨기는 기술이 늘어간다.

그 외에 육체적 외도는 한 번도 저지른 적이 없지만 정신적 외도를 해 본 경험이 있는 사람들이 생각보다 많다. 이런 사람들은 정신적 외도를 대수롭지 않게 생각하며, '단지 친구'일 뿐이라거나, '공연히 문제를 크게 만들지 마라, 아무 일도 없었다.'라는 식으로 이야기한다. 이러한 행위가 부부관계를 해치는 심각한 문제라고 생각하지 않는 것이다.

육체적 외도와 정신적 외도에 대한 남녀의 태도

남성은 배우자의 정신적 외도에는 관대하지만 육체적 외도는 참지 못한다. 반대로 여성은 남성의 육체적 외도는 용서할 수 있지만 정신적 외도에는 절대 그냥 넘기지 못한다.

남녀의 외도가 배우자에게 미치는 영향을 밝히기 위해 펜실베이니아 대학교 심리학과 케네스 레비Kenneth Levy 교수 연구팀은 실험을 진행했다.

연구팀은 먼저 대학생들을 대상으로 질투 유형을 알아보는 설문조사를 했다. 지원자를 두 그룹으로 나누었는데, 첫 번째 그룹은 독립성이 강한 반면 약속과 책임을 소홀히 생각하는 유형이다. 두 번째 그룹은 안정감이 부족한 반면 감정을 중요시하는 유형이다.

실험 결과, 첫 번째 그룹은 65%가 육체적 외도가 정신적 외도보다 나쁘다고 생각했고 그와 달리 두 번째 그룹은 75%가 정신적외도를 더 받아들이지 못했다. 또한 여성 중에서도 감정을 중요하게 생각하지 않는 여성은 배우자의 육체적 외도에 신경을 더 많이썼으며 그 비율은 안정감을 중시하는 여성의 네 배였다. 한편 육체적 외도를 정신적 외도보다 더 중요하게 생각하는 남성의 비율은 안정감을 중시하는 여성의 50배에 달했다.

이처럼 외도 유형에 대한 남녀의 생각은 확연히 다르다. 그 이유는 남성은 아이와의 관계보다 배우자와의 관계를 더 중요하게생각하는 반면, 여성은 출산 후 아이를 가장 중요하게 생각하므로남편이 자신을 사랑하는 마음이 진심인지, 아이를 자상하게 돌보는지에 더 관심이 많기 때문이다.

그러하기에 육체적 외도와 정신적 외도에 대한 남녀의 질투심

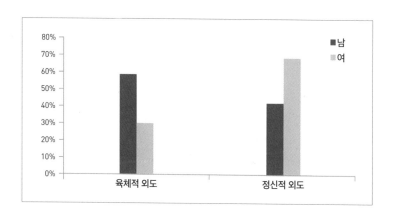

역시 다르게 드러난다. 남성은 배우자가 육체적 외도를 했는지를 추궁하지만 여성은 정신적 외도를 했는지에 초점을 맞춘다.

    미국 볼 주립대학교의 심리학자 마이클 태글러Michael Tagler는 외도를 한 번도 해 본 적 없는 성인의 경우, 남성은 배우자의 육체적 외도에 상처를 받고, 여성은 정신적 외도에 상처를 받는다는 사실을 발견했다. 그리고 외도 경험이 있는 성인들은 정신적 외도든 육체적 외도든 같다고 여겼다.

    외도 경험이 있는 남성은 다시 외도를 할 가능성이 높았고 외도 경험이 있는 여성은 오히려 조심하는 편이다. 그리고 혼전 성관계를 가졌던 사람이 혼전 성관계 경험이 전혀 없는 사람보다 배우자를 배신할 가능성이 더 높다는 사실은 남녀에게 공통적으로 나타났다.

    남성은 여성보다 유혹에 저항하는 능력이 부족하다. 특히 이성의 유혹 앞에서 남성들은 쉽게 마음이 흔들리지만 여성은 많이 망설이는 편이다. 그래서 매력적인 이성을 만났을 때 여성은 현재의 사랑을 지키기 위해 노력하지만 남성은 소극적인 태도를 보이는 편이다.

연애에
성공하는 방법

첫사랑은 이루어질 수 없다고들 말한다. 그 이유는 간단하다. 사랑해 본 경험이 없어서 연애하는 방법을 잘 모르기 때문이다. 특히 짝사랑은 우리를 괴롭히는 흔한 마음의 병이다. 이렇게 누군가를 짝사랑하기만 하는 상황에서 벗어나려면 어떻게 해야 할까? 이럴 때 심리학의 '단순노출효과'를 시도해 볼 수 있다.

만남의 기회를 자주 만들어라

1968년 미시건 대학교 심리학과 로버트 자욘스^{Robert Zajonc} 교수는 출현 횟수가 증가할수록 전혀 관심이 없던 물건에도 호감이 생기는 현상을 발견했다. 그는 이 현상을 증명하고자 학생들에게 사진을 보여 주는 횟수를 25회, 10회, 5회, 1회로 조정하고 사진

속 인물에 대한 호감도를 평가하는 실험을 진행했다.

그 결과, 학생들은 사진의 내용과 관계없이 인물에 대한 호감도가 출현 횟수에 비례했다.

한 심리학자는 실험을 통해 단순노출효과가 사람의 감정에 영향을 미친다는 사실을 입증했다. 실험에서 한 대학의 여학생 기숙사에서 무작위로 지원자를 선발해 각기 다른 음료수를 들고 기숙사를 돌아다니되 아무하고도 이야기를 나누어서는 안 된다고 당부했다. 그리고 얼마 후, 학생들의 음료수에 대한 선호도를 조사했더니 가장 많이 본 음료수에 대한 선호도가 높게 나타났다. 단순노출효과가 입증된 것이다. 이처럼 자주 만날수록 서로 좋아하게 될 확률이 높고 만나는 횟수가 적거나 아예 없다면 서로 좋아하게 될 가능성 또한 적어진다.

익숙한 물건일수록 좋아하게 되는 현상은 주변에서 종종 찾아볼 수 있다. 처음에는 평범한 외모라고 생각했는데 친구가 된 뒤에 오히려 더 예쁘고 멋있어 보이는 경우가 그렇다.

이처럼 익숙해질수록 상대방이 매력적으로 느껴진다. 따라서 짝사랑을 끝내고 싶다면 상대방과 만날 기회를 자주 만들어라. 하지만 이런 심리적인 변화에도 중요한 전제가 있다. 첫인상이 나빠서는 안 된다는 점이다. 첫인상이 나쁘면 자주 볼수록 더 싫어질 수 있다.

가까이 더 가까이

육체적 감각과 정신적 감각은 통한다는 말이 있다. 한 연구에 따르면, 심리적인 거리는 물리적인 거리에 비례한다고 한다. 즉, 가까이 있는 사람일수록 더 호감을 느끼게 되며 연인으로 발전할 가능성이 크다.

연인을 만난 장소에 대한 통계를 보면, 직장과 학교가 가장 많다. 연인의 70%가 같은 학교에서 만났으며 그중 51%는 같은 반 친구였다. 미국의 한 심리학자는 결혼을 약속한 연인 5,000쌍을 조사한 결과 다른 지역에 사는 커플이 헤어질 확률은 그렇지 않은 커플보다 훨씬 높았다. 물리적 거리가 심리적 거리에 영향을 미친다는 얘기다.

이는 개인적인 차이에서 오는 게 아니다. 사람은 멀리 있는 사람보다는 가까이 있는 사람과 친구가 될 확률이 훨씬 높다. 미국의 사회심리학자 레온 페스팅거Leon Festinger는 메사추세츠 공대의 기숙사 학생을 대상으로 조사한 결과, 친구가 될 확률을 따졌을 때 옆방 학생과는 41%이며, 옆 동 학생과는 22%, 두 동 떨어진 기숙사 학생과는 16%, 세 동 떨어진 기숙사 학생과는 10%였다.

물리적 거리가 심리적 거리에 영향을 미치는 전형적인 상황은 대학 신입생 첫 수업에서도 종종 나타난다. 이때 학생들은 서로 잘 알지 못하므로 자신과 멀리 떨어진 사람과 교류할 기회가 거의 없다. 또한 실제로 낯선 환경에서 가까운 곳에 있는 남녀는 서로에게 호감을 느낄 가능성이 크다. 이는 평소보다 낯선 곳을 여행할 때 하룻밤 정사가 더 쉽게 일어나는 원인 중 하나이기도 하다.

낯선 환경에서 어떤 사람과 친구가 될 가능성이 큰지 조사하기 위해 독일 라이프치히 대학교 심리학과 밋자 백Mitja Back 교수 연구팀은 실험을 진행했다.

그들은 방금 입학한 신입생에게 관례에 따라 자기소개를 시킨 뒤, 서로에 대한 호감도를 평가하게 했다. 그 결과, 신입생들은 옆자리에 앉은 학생에게 더 높은 점수를 주었다. 그리고 1년 뒤, 다시 조사해 보니 옆자리나 옆줄에 앉았던 학생과의 우정이 다른 자리에 앉았던 학생에 비해 더 깊어져 있었다.

하지만 가까이 있다고 해서 언제나 좋은 것은 아니다. 죽기 살기로 붙어 다니다 보면 친해지는 사람도 있지만, 이런 방법이 통하지 않는 사람도 있다. 거리보다는 공통의 가치관을 가졌는지가 관계의 기본이 되는 경우도 있기 때문이다.

미국의 한 심리학자는 대학 신입생들을 대상으로 그들이 어떻게 친구를 사귀는지에 대해 조사했다. 신입생은 입학하고 일주일쯤 지나자 물리적으로 가까운 곳에 있는 학생과 친구가 되었다. 그러나 2주일 뒤에는 가치관이 같은 사람과 친구가 되었다.

이런 연구 결과는 최초의 경계심이 사라질지언정 공통점이 하나도 없다면 그 사람과의 관계는 오래가지 못한다는 사실을 보여 준다. 따라서 남녀가 만나 연인이 될 수 있었던 첫 번째 이유는 처음 2주 동안 물리적으로 가까운 곳에 있어서 상대방에 대한 경계심을 풀 수 있었기 때문이고, 두 번째 이유는 2주 뒤 서로 유사한 가치관을 발견했기 때문이다.

이 연구는 심리학 규칙을 따르면 사랑과 행복을 쟁취할 수 있다는 사실을 보여 준다. 물론 마음에 두고 있는 사람을 쫓아다니는 중이라면 그 외에 인간관계를 좋게 만드는 기술도 잘 활용해야 한다.

가볍게 신체를 접촉하라

보통 상대의 팔이나 어깨를 1~2초 스치는 정도의 가벼운 스킨십은 무시하기 마련이며 그것이 결정적인 순간에 영향을 미친다고 생각하는 사람은 없을 것이다.

80년대 한 심리학자는 전화박스 앞에서 떨어진 동전을 주워 달라고 부탁하는 실험을 진행했다. 그 결과, 상대방의 신체와 가볍게 부딪치는 것만으로도 동전을 주워줄 확률은 63%에서 96%로 증가했다. 행인에게 동전을 구걸할 때도 같은 결과가 나타났다. 가볍게 신체를 접촉한 사람의 51%가 도움의 손길을 내밀었고, 신체 접촉을 하지 않은 사람은 29%만이 도움을 주었다.

기차역 건설 관련 의견서에 길거리 서명을 부탁할 때도 신체 접촉이 전혀 없었던 사람이 서명할 확률은 55%에 불과했지만, 가벼운 신체 접촉이 있었던 사람은 81%가 서명을 해 주었다. 실제로 판매원들 역시 이런 심리를 이용하고 있다. 이들은 고객과의 가벼운 신체 접촉을 통해 해당 상품의 매출을 올린다.

프랑스 사우스브리타니 대학교 심리학과 니콜라스 구겐Nicolas GueGuen 교수 연구팀은 유사한 효과가 남녀관계에도 존재한다고 주장했다.

연구팀은 20세 여성들과 함께 실험을 진행했는데 이 여성들은 열쇠를 열쇠고리에 끼우지 못하겠다며 주변의 젊은 남성에게 도움을 청했다. 열쇠고리에 열쇠를 끼워 주는 것은 어려운 일이 아니었으므로 여성의 부탁을 거절하는 남성은 없었다. 그 후 남성이 열쇠를 돌려주면 여성은 그것을 돌려받으면서 상대방의 팔을 1~2초 정도 가볍게 스친다. 그 결과, 신체 접촉이 없었던 사람은 15.5%만이 여성과 대화를 했다. 반면에 신체 접촉이 있었던 사람은 34.4%가 적극적으로 대화를 이끌었다.

위의 결과는 가벼운 신체 접촉은 타인이 자신의 청을 들어줄 가능성을 높여 준다는 사실을 보여 준다. 그렇다면 사랑을 고백할 때도 이런 효과가 나타날까? 2007년 구겐 교수는 실험을 통해 남녀의 가벼운 신체 접촉이 고백 성공률에 영향을 미친다는 사실을 증명했다. 클럽에서 남성이 여성에게 함께 춤을 추자고 청하는 상황이다. 이때 팔을 가볍게 만진 여성의 65%가 그의 청을 들어주었다. 하지만 신체 접촉이 없었던 여성은 43.4%만이 그의 요구를 들어주었다.

낭만적인 음악이 인연을 이어준다

가벼운 신체 접촉 외에 음악 역시 사람의 행동에 많은 영향을 미친다는 사실은 심리학 연구에서 이미 증명되었다.

2009년 구겐 연구팀은 사랑 노래가 남녀의 감정을 발전시키는 데 긍정적인 역할을 한다는 사실을 증명했다. 실험은 두 단계로 진행되었다. 첫 번째 단계에서는 여대생들에게 가장 좋아하는 사랑 노래와 가장 '중성적인' 느낌이 드는 노래를 세 곡씩 선정하게 했다. 그리고 이 노래를 다른 학생들에게 들려준 뒤, 가장 낭만적인 노래와 가장 낭만적이지 않은 노래를 뽑게 했다.

두 번째 단계에서는 비스킷 시식을 목적으로 같은 연령대의 지원자들을 실험실로 부른다. 그런 뒤 지원자가 도착하면 첫 번째 단계에서 선택된 노래가 흘러나오고 평범한 외모의 남성을 들여보내 지원자에게 비스킷을 먹게 하고 5분 동안 맛에 대한 평가를 부탁한다. 그리고 이때 남성이 전화번호를 물어보며 다음 주에 따로 만나고 싶다고 말한다.

그 결과, 낭만적인 음악을 들은 여대생의 경우 23명(52.2%)이 전화번호를 알려주었고, 낭만적이지 않은 노래를 들은 여대생의 경우에는 12명(27.9%)만 남성의 요구를 들어주었다.

또한 낭만적인 음악을 들은 여성은 중성적인 음악을 들은 여성보다 이성의 요구를 더 잘 들어주었다. 이는 낭만적인 음악이 은연중에 여성의 마음을 움직이는 데 도움을 주었음을 말해 준다.

마음에 드는 여성과 데이트 신청을 하고 싶을 때 사랑 노래를 들려준다면 성공할 확률이 크게 증가할 것이다. 더군다나 상대가 평소 사랑 노래를 즐겨 듣는다면 정말 행운이다. 그녀가 당신의 데이트를 수락할 확률이 크게 증가할 테니 말이다.

첫마디가 중요하다

모든 준비를 마쳤다면 이제는 말을 걸어볼 차례다. 첫마디는 어떻게 꺼내면 좋을까? 구겐 교수는 이성에게 전화번호를 물어볼 때 호감을 직접적으로 표현하기를 권하는데 이는 과연 효과적인 방법일까? 반대로 은유적으로 표현하는 것은 어떨까? 동양의 문화는 사랑을 은유적으로 표현하며 특히 여성은 직접적인 고백을 어려워하는 편이다.

미국의 심리학과 조엘 웨이드Joel Wade 교수 연구팀은 학생들에게 함께 데이트를 하고 싶다는 편지를 작성하게 하고 그중에서 가장 자주 사용되는 내용 52가지를 뽑았다.

그 결과, 남녀를 막론하고 상대방에게 직접 데이트를 하자고 말하거나 자신의 전화번호를 알려 준다거나 상대방과 같은 취미를 가지고 있다고 밝히는 것이 가장 효과적인 표현이라고 꼽았다. 남성은 여성의 암시적인 언어를 이해하지 못해서 단도직입적으로 말하는 것을 좋아한다.

이때 남성이 인간관계에서 자주 사용하는 서두로는 유머, 희롱, 의미 없는 아첨, 그리고 뭔가 대단한 의미가 있는 것처럼 꾸민 말 등으로 나타났다. 이에 대한 반응으로 성격이 외향적인 여성은 유머러스하고 해학적인 서론을 좋아하며 내성적인 여성은 적당한 칭찬을 좋아하는 것으로 나타났다.

사랑을 오래 유지하려면
어떻게 해야 할까?

여성은 남성과의 관계에서 장기적인 관계인지, 단기적인 관계인지에 따라 다른 기준을 적용하기도 한다. 예를 들어 좋은 부부관계를 원할 때는 상대방의 재산, 매력, 성적 능력보다는 신뢰와 유머 감각을 중요시한다. 반면에 단기적 관계를 원할 때는 상대방의 재산, 성적 능력과 매력을 보는데 그중에서도 외모에 주목한다.

이성을 만날 때 외모는 매우 중요한 역할을 한다. 그렇다면 안정적인 관계로 접어든 기혼자에게도 여전히 중요할까? 이에 테니시 주립대학교의 심리학자 제임스 멕널티James McNulty 연구팀은 다음과 같은 실험을 진행했다.

결혼한 지 평균 45개월 된 부부로 아이가 아직 없고 나이는 25

세 전후의 부부를 대상자로 조사했다. 그 결과, 잘생긴 남성이 외모가 별로인 여성과 결혼하면 결혼 만족도가 비교적 낮았다. 그리고 예쁜 아내와 평범한 외모의 남편은 결혼생활이 화목했다.

매력적인 외모의 남성은 짧은 연애를 할 가능성이 높아서 언제나 더 아름다운 여성을 꿈꾸며 부부관계에 대한 기대치도 높은 편이다. 그리고 이런 태도는 배우자에 대한 충성도를 크게 떨어뜨린다.

권태기를 극복하라

시인 오스카 와일드Oscar Wilde는 "사랑은 결혼으로 끝난다"고 말했다. 그의 생각에 동의하는 사람들 역시 종종 결혼을 사랑의 무덤이라고 표현했다. 이처럼 사람들은 일반적으로 인류의 사랑과 성욕은 감정을 기반으로 절정에 달했다가 점차 사라져 간다고 생각한다.

뉴욕 주립대학교의 심리학자 비앙카 아세베도Bianca Acevedo와 그의 동료 아서 아론Arthur Aron은 관련 문헌을 분석한 결과, 사랑은 서로 만난 지 12개월에서 15개월이 지난 뒤부터 옅어지기 시작하며, 4년 또는 7년 차에 이르러 감정적인 위기를 맞고 10년 차에 이르면 자취도 없이 사라진다고 했나.

두 사람은 문헌 통계에 따라 낭만적인 사랑이 단기적인 관계와 장기적인 관계에 미치는 영향은 비슷하다는 사실을 밝혔다. 그리고 동반자적 사랑companionate love은 단기적인 관계보다 장기적인 관계에 더 큰 영향을 미쳤다. 열정적인 사랑passionate love이 단기적인 관계에 미치는 영향은 낭만적인 사랑과 비슷했으나 장기적인 관계에서는 동반자적 사랑보다 못했다. 모든 것을 태워 버릴 것 같은 열렬한 사랑은 장기적인 관계든, 단기적인 관계든 큰 영향을 미치지 않았다.

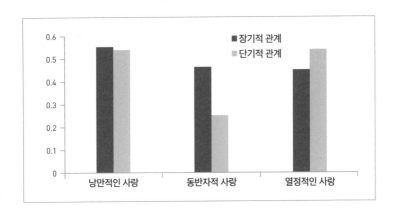

부부관계에 긴장과 갈등이 발생하면 둘 사이에 금이 갔다는 징조다. 그래서 지지고 볶는 애인보다는 말없이 묵묵한 아내가 낫다는 말도 있지 않은가.

'권태기'는 결혼 만족도에 부정적인 영향을 미치는 중요한 요소다. 결혼생활의 권태로움은 긴밀한 부부관계를 깨뜨리고 결혼

만족도를 크게 떨어뜨린다. 그렇다면 어떻게 해야 무료한 느낌에서 벗어날 수 있을까?

취미활동과 새로운 환경을 조성하고 새로운 지식과 기술을 배워 무료함을 줄일 수 있다. 여기서 주목할 점은 권태롭다고 해서 음주, 흡연, 게임 같은 방식으로 해결하려는 것은 임시방편일 뿐, 장기적으로 보면 자신을 더 무료한 삶으로 끌어들이는 것과 같다. 따라서 부부가 함께 흥미를 일으킬 수 있는 활동을 한다면 권태감을 극복하고 다시 예전의 열정을 회복할 수 있을 것이다.

부부의 경제력이 미치는 영향

경제력은 사랑의 유효기간에 영향을 미치는 중요한 요소이다. 일반적으로 아내의 경제력에 의존하는 남성은 결혼생활에 대한 충성도가 낮다. 그리고 부부의 수입차가 클수록 둘 중 하나가 외도를 할 가능성도 커진다.

아내의 수입에 의존하는 '전업주부 남편'이 외도할 확률은 가정경제를 책임지는 남성보다 다섯 배나 높았다. 아내의 능력이 좋다는 현실이 남편의 자존심에 상처를 입히기 때문이다. 아내보다 수입이 적다는 사실은 전통적으로 남성이 가정을 부양해야 한다는 관념에 위배된다. 그래서 남성은 능력 있는 아내를 위협이자 도전으로 받아들이며 다른 여성에게서 자신의 남성성을 확인받으려

한다.

반대로 경제적으로 남편에게 의존하는 여성이 외도할 가능성은 직장 여성보다 낮다. 예를 들어 경제력을 완전히 남편에게 의존하는 가정주부가 외도할 가능성은 남편의 수입과 비슷하게 버는 여성의 경우보다 50% 낮았고, 남편보다 수입이 많은 여성의 경우보다는 75%나 낮았다.

미국의 한 사회학자의 조사에 따르면, 아내의 수입이 남편보다 높으면 부부가 이혼할 확률이 38%나 증가한다고 한다. 여성의 경제적 자립은 여성의 독립성을 키워 주지만 남편의 자존심에는 상처를 입힌다. 이처럼 아내가 일하는 시간이 남편보다 많아지면 이혼할 가능성이 29% 증가한다. 하지만 남편의 수입이 많아져도 아내 역시 경계심을 갖는다. 남성이 오랫동안 밖에서 일하고 출장이 잦아지면 유혹에 쉽게 흔들릴 수 있기 때문이다. 따라서 부부의 수입은 두 사람의 사랑을 유지하는 데 중요한 요소가 된다.

'동시'에 함께 느끼는 행복

부부가 오랫동안 안정적인 생활을 유지하는 것은 두 사람의 관계가 친밀하다는 뜻이다. 부부의 의견이 일치되지 않는 시간이 길어질수록 서로 감정이 상하고 헤어질 가능성이 크다. 부부가 서로 같은 감정을 공유하는 것으로 긴밀한 부부관계를 유지할 수 있고 화제 역시 많아질 것이다. 이렇게 육체와 정신이 상호작용하여 두 사람이 같은 방향으로 나아가다 보면 '공동 목표'를 가지게 된다.

홍콩 중문 대학교의 황아이린 연구팀은 '동일 목표'의 개념이 활성화될수록 두 사람의 관계가 긴밀해진다는 사실을 밝혔다. 예를 들어 부부의 출퇴근 방향이 같으면 결혼생활의 행복감이 증가한다고 한다. 실제로 연구팀은 미국과 홍콩에서의 실험을 통해 출근 방향이 부부의 행복감에 영향을 미친다는 사실을 입증했다.

조사 결과, 출근 방향이 비슷한 부부는 그들의 결혼생활 만족도가 높았다. 반면, 출근 방향이 다르거나 서로 다른 교통수단을 이용하는 부부는 상대적으로 만족도가 떨어졌다.

그리고 남편이 가사 일을 많이 부담할수록 부부관계는 안정되었다. 실제로 '아내는 전업주부이고 남편이 가사 일을 전혀 하지 않는 가정'은 '아내가 밖에서 일하고 남편이 함께 가사 일을 분담하는 가정'에 비해 이혼율이 97%나 높았다.

이혼한 사람을 멀리하라

이혼은 유행과 같아서 전염성이 있다. 하버드 대학교의 심리학자 니콜라스 크리스타키스Nicholas Christakis 연구팀은 이혼이 친구, 자녀, 동료들에게 전염된다는 사실을 발견했다. 실제로 친한 친구가 이혼을 하면 본인의 결혼생활에도 위기가 올 가능성이 75% 증가했다. 친구의 친구가 이혼할 경우 역시 이혼할 확률이 33%나 증가했다.

또한 결혼생활에 문제가 생겨 위기가 닥쳤을 때 친구가 이혼을 하면 자신 또한 이혼할 가능성이 147% 증가했고, 형제나 자매가 이혼을 할 경우 역시 그렇지 않은 사람보다 이혼 확률이 22% 더 높았다.

이는 친구의 이혼이 얼마나 큰 전염성이 있는지를 보여 준다. 또한 가정 구성원과 회사 동료의 이혼도 주변 사람들의 이혼에 큰 영향을 미친다는 사실을 알려 준다.

이혼이 전염되는 이유는 친구의 이혼이 본인의 결혼생활을 돌아보게 하고 불만을 느끼게 하기 때문이다. 이혼을 하면 부정적인 꼬리표가 따라다니지만 친구의 이혼은 그러한 부정적인 이미지를 약화시키는 역할을 하며 이혼을 대수롭지 않은 일처럼 느끼게 만든다.

한편, 부부에게 아이가 있어도 이혼율을 떨어뜨리지 못한다는 사실이 밝혀졌다. 아이를 낳으면 전형적인 가정의 형식을 유지할 수는 있지만, 장기적인 결혼생활을 유지하는 데는 큰 효과를 발휘하지 못했다.

PART 4

몸의 단서로 상대를 꿰뚫어 본다
행동의 심리학

사람들은 왜
복수에 열광할까?

『성경』을 보면 이스라엘 왕 다윗의 아들 압살롬은 이복형이 여동생을 욕보인 사실을 알고 복수를 위해 2년 동안 기회를 엿보다가 그를 죽이고 도망친 내용이 나온다. 또한 야곱의 아들은 이민족 우두머리의 아들이 여동생을 납치해 아내로 맞이한 소식을 듣자 그곳 남성들을 속여 할례를 시키고 그들이 고통으로 몸부림칠 때 공격하여 복수에 성공한다.

그리스 비극에도 왕자의 복수에 관한 이야기는 아주 많다. 프랑스 작가 메리메의 작품에 등장하는 코르시카에서는 복수를 찬양한다.

복수심에 불타는 이유

사람들은 왜 복수에 열광할까? 오랜 시간 칼을 갈며 복수할 기회를 기다리는 이유는 무엇일까?

위스콘신 대학교 매디슨 캠퍼스의 신경학자 에디 하몬-존스 Eddie Harmon-Jones 교수는 모욕을 당했을 때 뇌의 특정 부위 활동이 뚜렷하게 증가한다는 사실을 발견했다. 이는 기아에 굶주린 사람이 음식을 보았을 때 나타나는 현상과 같다. 즉, 이때 뇌 활동이 증가하는 것은 분노 때문이 아니라 분노를 표출하는 것이 쾌감을 느끼게 하기 때문이다. 분노가 과격한 행동을 불러온다는 사실은 누구나 알고 있다. 하지만 사람들은 결과가 좋지 않을 수 있다는 것을 알면서도 분노를 표출하길 원한다. 이는 살찌는 것을 두려워하면서도 초콜릿과 감자칩의 유혹을 참지 못하는 것과 비슷하다. 좋지 않은 결과가 예상되더라도 쾌감을 얻으면 만족할 수 있기 때문이다.

아주 사소한 모욕이나 부당한 대우를 받았더라도 어떻게든 핑계를 만들어 복수하려는 사람들도 있다. 특히 자신이 믿는 종교나 종족을 모욕하면 이는 말할 것도 없다. 신앙에 대한 모욕은 대규모 보복 행위로 이어져 종교전쟁의 출발점이 되기도 한다. 이는 복수에 대한 사람들의 갈망이 얼마나 큰지 보여 준다.

결과에 상관없이 보복 행위를 하는 이유는 복수에 대한 갈망을 해결하기 위해서다. 이런 측면에서 보복 심리는 사회 집단의 안정을 유지하는 데 아주 중요한 역할을 한다. 복수에 대한 두려움 때문에 악행을 스스로 억제하게 되는 효과가 크기 때문이다.

스탠퍼드 대학교의 심리학자 브라이언 넛슨Brian Knutson 교수는 복수의 씨앗은 대부분 냉정하고 계획적인 동기가 아니라 순간적인 충동에서 비롯된다고 주장했다. 하지만 그의 의견에 반대하는 사람들은 복수가 감정의 지배를 받는 맹목적인 행동이 아니라고 생각한다. 쇼핑을 할 때 비싼 물건의 가격을 깎는 것처럼, 복수의 비용이 높으면 그로 인한 대가를 줄이기 위해 노력한다. 이렇게 복수를 계획하는 과정은 사람들을 즐겁게 하며, 복수를 실천하기 위해 소모한 시간과 대가가 많을수록 즐거움도 커진다.

취리히 대학교의 행동경제학자 에르니스트 페르Ernist Fehr 등은 실험을 통해 사람들은 공평과 정의를 실현하기 위한 보복 행위에 비용을 따지지 않는다는 사실을 입증했다.

그는 지원자들을 몇 개의 조로 나누어 게임을 하도록 했다. 이 게임은 두 사람이 서로 믿고 협력하면 둘 다 보상금을 받지만, 한 사람이 상대방을 속이면 불공평하게 더 많은 보상금을 차지할 수도 있는 방식이다. 또한 게임 규칙에는 고의성이 있는 속임수를 쓰라는 지시도 포함되어 있었다.

속은 사람은 상대방이 더 많은 보상금을 받은 사실을 알았을 때 복수하고, 자신이 받은 보상금을 복수에 사용하는 것도 서슴지 않겠다고 했다. 또한 속임수가 철저한 계획 아래 이루어지고 처벌을 해도 돈을 돌려받지 못한다고 했을 때 속은 사람은 상대방에게 최고 벌금형을 선택했다. 고의가 아니라 어쩔 수 없이 속임수를 썼다면 3명만 복수에 나서겠다고 했다. 반면에 고의로 속임수를 썼을 때는 게임에 참여한 14명이 모두 복수를 선택했다. 그중 12명은 자신의 돈을 전부 써서라도 복수를 감행하겠다고 했다.

이 실험은 사람들이 복수를 선택하는 이유가 복수한 뒤에 느낄 쾌락이 아닌, 복수하기 전에 결과를 예상하는 쾌락에 있다는 사실을 증명한다. 보복 행위로 돈을 쓰고 나면 뇌가 개입하여 이해득실을 따지지만, 여전히 뇌의 쾌락과 흥분을 통제하는 부분도 중요한 역할을 한다. 속은 사람이 벌금을 정할 때 뇌의 특수 부위는 매우 활발해지는데, 벌금이 많을수록 그 부위의 움직임이 더 강렬해진다. 즉, 예측 가능한 만족도가 높을수록 처벌 강도도 높아진다는 사실을 알 수 있다.

상황이 이렇다 보니 속은 사람은 규칙을 지키지 않은 사람을 처벌하는 데 급급하게 되는데 사실 이런 보복 행위는 우리에게 이득을 가져다주지 않으며 심지어 모든 것을 잃게 할 수도 있다. 하지만 우리는 새치기한 사람을 혼내는 일이 성실하게 줄을 선 사람을 즐겁게 한다는 사실을 알고 있다. 그렇기에 결과에 상관없이 복수를 감행하는 것이다.

여성보다 보복을 즐기는 남성

일반적으로 남성보다 여성이 마음이 좁고 질투를 잘 느끼며 복수심에 불타오른다고 생각한다. 그러나 연구 결과는 정반대의 주장을 뒷받침한다.

런던대학교의 타니아 싱어Tania Singer 연구팀은 실험을 통해 남성이 여성보다 복수심이 더 강하며, 체벌을 즐긴다는 사실을 밝혔다. 세계적으로 군사력과 경찰력을 장악하고 있는 사람들이 남성이라는 사실도 이를 증명한다.

평소 썩 마음에 들지 않던 사람이 신체적인 고통으로 괴로워하는 모습을 보인다면 어떤 기분이 들까? 연구에 따르면 남성은 사기꾼이 전기 충격을 받는 모습을 보았을 때 전혀 고통스럽게 느끼지 않았으며, 오히려 통쾌함을 느꼈다고 한다. 반대로 여성은 사기꾼이 받는 고통에 동정을 느끼고 체벌을 원하지 않는 사람이 많았다. 하지만 정직한 사람이 전기 충격을 받는 모습을 보았을 때는 남성과 여성 모두 동정심을 느꼈다.

연구원은 지원자에게 두 단계의 테스트를 진행했다. 1단계에서는 연기자 4명과 지원자가 함께 공평 또는 불공평하게 현금을 거래하는 게임을 했다. 연기자 4명 중 일부는 지원자가 가진 액수만큼 공정하게 현금을 교환해 주고, 또 다른 일부는 현금을 덜 주거나 더 많이 교환해 주었다. 그 결과, 지원자들은 남녀를 막론하고 공평한 사람에게 더 호감을 느꼈다.

2단계에서 지원자는 연기자 4명이 가벼운 전기 충격(벌에 쏘이는 정도)을 받는 모습을 보았다. 이때 연구원들은 지원자의 뇌를 자기공명영상MRI으로 촬영하여 그들의 뇌 속에서 통증의 공감 작용과 관련된 부분의 반응을 기록했다.

그 결과, 남성의 복수심이 여성보다 강하게 나타났다. 자신과 밀접한 협력관계에 있거나 규칙을 준수하는 사람이 전기 충격을 받았을 때, 남녀는 뇌 속의 통증을 느끼는 부분에서 모두 반응을 나타냈다. 이는 그들이 전기 충격을 받은 자들에게 동정심을 가지고 있다는 사실을 증명한다.

하지만 자신을 속이고 피해를 준 사기꾼이 전기 충격을 받을 때, 남성은 동정심을 느끼지 않았으나 여성은 동정심을 느꼈다. 다만, 규칙을 준수한 사람이 처벌을 받을 때보다는 덜했다. 이는 인간의 동정심이 상대방의 사회저 행동에 따라 결정뇌며, 남성의 적대감이 훨씬 강하다는 사실을 설명한다.

뇌의 자기공명영상 촬영 결과, 남성은 자신을 속인 대상이 처벌받는 것을 보고 즐거워했으며, 여성은 대상에 관계없이 거의 쾌락을 느끼지 않았다.

다양한 연구의 결과대로 남성의 포용력은 생각보다 크지 않았다. 그들은 반드시 원한을 갚으려 했으며 여성보다 타인을 쉽게 용서하지 못했다. 하지만 자신에게도 과실이 있다고 생각하면 보복 심리는 줄어들었고, 타인을 용서하려는 의지도 여성과 동등한 수준으로 커졌다. 그런데 여기서 주목할 점은 여성의 경우, 자신에게 과실이 있다는 사실을 알게 된 후에도 타인을 용서하려는 의지가 더 증가하지 않았다는 점이다. 그저 기분이 조금 불쾌할 뿐이었다.

결론적으로 남성은 사기를 당하면 쉽게 원한을 품으며 보복 심리 역시 여성보다 비교적 강했다. 그리고 외향적인 성격을 지닌 남성의 경우, 내성적인 성격의 남성보다 원한을 쉽게 잊고 화해하는 속도도 빨랐다. 반면 여성은 내성적이거나 외향적인 성격이 타인을 용서하는 데 영향을 미치지 않았다.

사과를 하면 분노를 줄일 수 있다

작은 잘못을 저질렀을 때, 상대방이 진심으로 사과하거나 서로 잘 아는 친구 사이라면 남성이 여성보다 쉽게 상대방을 용서했다. 사과하는 행위가 그들의 공격성을 낮추었기 때문이다. 누군가 발을 밟았는데 사과하지 않으면 크게 화를 내지만, 바로 사과하면 발이 많이 아파도 상대방을 공격하지 않는다. 이런 경험은 누구나 한 번쯤 있을 것이다. 상대의 사과를 받는 것만으로도 화가 크게 누그러지기 때문에 마음속으로 불만이 있다 해도 상대방을 공격하지는 않는다.

나고야 대학교의 노부유키 가와이Nobuyuki Kawai 심리학 교수는 대학생 그룹에게 사회문제에 관한 의견을 쓰게 하고 다른 그룹에게는 그들의 의견을 평가하되 모욕적인 단어를 사용하게 했다. 그리고 평가 결과를 의견을 쓴 대학생들에게 돌려주었다. 단, 절반의 평가지에만 뒷면에 '이런 평가를 하게 되어 대단히 유감입니다.'라는 사과의 문장을 덧붙였다.

그 결과, 사과를 받지 못한 학생들은 그들의 평가에 분노했고 공격성을 드러냈다. 반면 사과를 받은 학생들은 비교적 화를 덜 냈고 공격성도 보이지 않았다.

이 연구는 사과가 상대방의 상한 마음을 완전히 풀어주지는 못하지만 화해를 청하는 아주 효과적인 방법이라는 사실을 입증한다. 특히 남성에게는 실수로 잘못을 저질렀을 때 진심으로 사과한다면 아주 효과적이다.

피해자가 보복하려는 이유는 상대방에게 상처를 입히기 위해서가 아니라 자기만족을 위해서이다. 그러니 단순한 사과라도 이런 피해자의 심리를 위로해줄 수 있다면 그들의 보복 심리를 상당부분 줄일 수 있을 것이다. 잘못을 저질렀을 때는 자신의 행동을 통제하고 분노로 인한 일시적인 충동과 공격성을 자제한 상태에서 먼저 사과하는 게 좋다.

부자와 가난한 사람 중
누가 더 관대할까?

가난한 사람은 동반자 의식이 강하다

『성경』에는 부자와 보통 사람들은 어느 정도는 꼭 기부해야 하고 가난한 과부는 그들보다 적게 기부해도 된다는 내용이 있다.

일반적으로 가난한 자들이 부자들보다 더 적은 기부금을 낸다고 해도 그들이 가진 재산에서 차지하는 비율을 보면 결코 적은 비중이 아니다. 미국의 최빈곤층 가정은 총수입의 4.3%를 자선사업에 기부했지만 최상위층 가정은 2.1%에 그쳤다. 중상위층과 중하위층 가정을 포함한 중산층의 기부금도 총수입의 3%를 초과하지 못했다. 즉, 경제적 지위가 낮은 가난한 사람들이 더 많은 선행을 베풀고 있다는 것이다. 이는 '역지사지'의 심리, 다시 말해 그들이 돈이 없는 고통을 잘 알기에 나온 결과다.

캘리포니아 대학교의 마이클 크라우스Michael Kraus 심리학 교수는 사회적 지위가 낮을수록 동반자 의식이 강하다고 말했다. 사회적·경제적 지위가 낮은 사람들은 타인이 제공해 주는 사회적·경제적인 도움에 대한 의존도가 높아서 생존하려면 어쩔 수 없이 타인의 눈치를 살펴야 한다.

따라서 타인의 주변 상황에 늘 관심을 기울이며, 그들의 감정을 감지하는 데 능숙하다. 반면, 사회적 지위가 높은 사람들은 타인의 감정을 잘 읽지 못하는 편이다. 스스로 문제를 해결할 수 있으므로 타인에게 의존할 필요가 없다 보니 상대방을 살피는 습관이 형성되지 않은 탓이다.

소외 계층이 더 착한 이유

타인의 감정을 읽는 능력은 타고나는 게 아니다. 사회적·문화적 배경에 따라 차이가 난다. 소외 계층일수록 친사회적 행동을 한다는 연구 결과가 있다.

중국과학원 심리연구소의 장칸은 원촨 지진 발생 후 각각 1개월, 4개월, 11개월 뒤에 쓰촨성, 간쑤성의 재난 지역과 허베이성, 베이징, 푸젠성의 비재난 지역 주민의 친사회적 수준을 조사했다.

그 결과, 재난 정도가 심각한 지역으로 갈수록 주민들의 친사회적 수준이 증가했다. 이는 소외 계층일수록 친사회적 행동을 한다는 사실을 증명한다. 이후 시간이 흐르고 소외 계층이 된 사람들의 수가 감소할수록 친사회적 수준도 줄어들었다.

실제로 탕산 지역 주민과 기타 비재난 지역 주민의 데이터를 비교해 보면, 대지진이 발생했던 탕산 지역 주민이 비재난 지역(푸젠, 베이징 등) 주민보다 친사회적 수준이 높게 나타났다. 원촨 지진이 발생했을 때 가장 많은 기부금을 보내 준 지역은 지진으로 피해를 입었던 탕산 지역이었다.

지위가 높을수록 비도덕적이다?

비도덕적 행동과 사회 계층 간의 관계를 증명하기 위해 캘리포니아 대학교의 폴 피프Paul Piff 교수와 토론토 대학교의 연구팀은 일련의 실험을 진행했다.

그 결과, 상류층일수록 타인을 속일 확률이 더 높은 것으로 드러났다. 예를 들어 높은 숫자가 나오면 온라인 상품권을 주는 다섯 번의 랜덤 컴퓨터 실험에서 상류층은 12보다 높은 수가 나왔다고 보고하는 사용자가 많았다. 사실 게임의 총점은 절대 12를 넘을 수 없도록 설계되었는데도 말이다.

다른 실험에서는 지원자를 두 그룹으로 나누어서 한 그룹은 부동산 거물 등 사회 상류층과 함께 있게 하고, 나머지 그룹은 부랑자 등 사회 하류층과 함께 있게 했다. 그리고 시간이 흐른 뒤 두 그룹이 방에서 나오면 사탕바구니에서 얼마든지 사탕을 꺼내 갈 수 있게 했다.

그 결과, 상류층 그룹에 속하게 되면서 자신의 사회적 지위가 높아졌다고 생각한 사람들이 가져간 사탕이 그렇지 않은 사람들보다 2배나 더 많았다. 또한 가난한 사람들은 자신이 원래 더 높은 사회 계층에 속한다는 암시를 받고 난 뒤부터 비도덕적인 행동을 하기 시작했다. 이런 현상은 특히 벼락부자들에게서 두드러진다. 원래 하류층이나 보통 계층에 속했던 그들이 갑자기 큰돈을 벌면 주변 사람들과 비교하면서 우월감과 특권의식을 가진다.

조사에 따르면 가난한 집안 출신이 갑자기 부유해질 경우 원래 부자였던 사람보다 훨씬 더 비도덕적으로 변한다고 한다.

또 다른 실험에서 연구팀은 횡단보도를 지나려고 하는 '행인'을 설정하고 운전자가 양보를 하는지 지켜보았다. 더불어 차량의 외관과 연식에 따라 운전자의 '계층 의식'에 대한 평가도 진행했다.

그 결과, 연식이 오래되고 정비가 필요한 낡은 차량의 운전자에 비해 고가의 차량 운전자는 횡단보도에서 양보하는 비율이 3배나 떨어졌으며 법률을 위반하는 횟수도 상대적으로 많았다. 또한 사회적 지위가 높은 운전자가 난폭 운전을 하는 비율도 4배나 높았다.

이외에도 사회적 지위가 높은 사람은 정책 결정을 내릴 때 더 비도덕적으로 변했다. 협상할 때는 거짓말을 늘어놓으며 돈을 벌기 위해서라면 온갖 방법으로 상대방을 속이기도 한다.

지위가 높을수록 비도덕적으로 변하는 까닭은 무엇일까? 바로 탐욕 때문이다. 일부이기는 하나 지위가 높은 이들은 이미 맹목적으로 사리사욕을 채우기 위해 몇 번의 비도덕적인 행위를 일삼아 온 적이 있다. 그렇게 지위가 올라가니 도덕성은 둔감해지고 더 비도덕적이고 불평등한 행동을 하게 되는 것이다.

물론 모든 부자들이 비도덕적인 건 아니다. 그럼에도 일반 사람들은 부자를 달갑게 보거나 친근하게 보지 않는다.

이렇게 사회적 지위가 낮을수록 경계심이 커지는 이유는 사회적 지위가 높은 사람들의 위협 때문이다. 사회적·경제적 지위가 낮은 이들은 지위가 높은 사람들의 적의를 잘 감지할 수 있으며, 자기도 모르는 사이에 그들에게 적대감을 품게 되는 것이다. 이는 지위가 사람들의 기대, 생각, 적대감에 영향을 미친다는 사실을 말해 준다. 특히 스스로 지위가 낮다고 생각하는 사람들에게 미치는 영향력은 훨씬 더 크다.

착한 행동을 유도하는 선한 질투심

부자에 대한 적대감이 부정적인 역할만 하는 것은 아니다. 때로는 부자들의 친사회적 행동을 불러일으키기도 한다. 네덜란드 심리학자 닐스 판 데 벤Niels van de Ven은 성공한 사람들의 경우 자신을 질투하는 상대에게 우호적이라는 사실을 밝혀냈다. 이들은 자신이 악의적 질투Malicious envy의 대상이 되는 것을 두려워하며, 상대방이 자신을 선의의 질투Benign envy 대상으로 여겨 주길 바란다.

질투는 악한 질투와 선한 질투로 나뉜다. 선한 질투를 가진 사람은 질투의 대상과 가까워지려고 노력한다. 반면, 악한 질투를 가진 사람은 질투의 대상을 깎아내리며 그들의 불행을 즐긴다.

닐스는 악한 질투와 선한 질투를 가진 사람들을 대상으로 연구를 진행했다. 우선 한 그룹에게 5유로의 상금이 지급될 것이라고 알려 주면서, 상금을 받으면 사람들의 부러움을 한몸에 받게 될 거라고 했다. 상금은 그들의 테스트 점수에 따라 지급될 수도 있고, 점수에 관계없이 지급될 수도 있다.

결과에 대한 예상은 점수에 따라 지급된 상금은 선한 질투를 불러오고, 점수에 관계없이 지급된 상금은 악한 질투를 불러일으키리라 생각했다. 그리고 악한 질투의 대상이 된 사람들은 그렇지 않은 사람들보다 타인을 돕는 데 더 많은 시간을 할애할 것이라고 추측했다.

그러고는 지원자들이 자리에서 일어날 때 연구원은 일부러 지우개 몇 개를 떨어뜨려 보았다. 그러자 예측했던 대로 자신이 악한 질투의 대상이 되었다고 생각하는 사람들은 그렇지 않은 사람들보다 더 적극적으로 지우개를 주워 주었다. 질투를 받는다는 공포심이 그들의 행동을 변하게 한 것이다. 사람은 누군가에게 질투의 대상이 되는 순간 착해지기 위해 노력한다. 자신을 질투하는 자들을 위로해 주어야 하기 때문이다.

질투를 받는 사람이 착한 행동을 하는 것은 자신의 명예를 유지하기 위함이기도 하다. 사람들은 명예를 중요하게 생각하며, 사회적·경제적 지위가 높은 사람일수록 더욱 그렇다. 그들은 명예란 정교하게 빚어진 도자기 같아서 한 번 깨지면 다시 붙일 수 없다고 생각한다. 따라서 명예를 지키기 위해서라면 경제적 손해를 감수하기도 한다.

이에 관한 연구를 본 적이 있다. 영국 퀸즈 대학교의 재러드 피에자Jared Piazza와 제시 베링가Jesse Beringa는 '독재자 게임'이라는 실험을 진행했다. 그들은 실험에 참여한 학생들에게 각각 10개의 칩을 주고 다른 사람에게 나눠 주거나 자신이 가지고 있게 했다. 경제학적인 관점에서 보면, 10개의 칩을 자신이 가지고 있는 것이 가장 유리하다. 하지만 실험에서 일부 학생들은 타인의 신뢰를 얻기 위해 칩을 나누어 주었고 다른 사람들도 따라 하게 되었다. 그러자 구두쇠처럼 칩을 내어주지 않은 사람은 명예가 실추되었다.

결과적으로 명예가 손상될까 봐 걱정하는 사람들은 칩을 나누어 줄 때 좀 더 관대한 태도를 취했다. 이는 소수의 사람이 먼저 부를 축적하면 다른 사람들에게도 부를 나누어 줄 거라는 기대심리를 받게 되는데 이런 심리가 경제적으로 여유가 있는 사람들의 명예에 영향을 끼치게 되고 자신의 부를 타인과 나누어야 한다는 생각을 갖게 한다.

남녀의 비율이 불균형을 이룰 때 남성은 더 관대해진다

영국의 웬디 이레데일Wendy Iredale은 남성의 경우 아름다운 여성과 함께 있을 때 기부금 액수가 더 증가한다고 주장했다. 하지만 여성은 동성과 함께 있든 남성과 함께 있든 기부금 액수에 차이가 없었다.

이처럼 남성이 여성 앞에서 더 관대해지는 이유는 이성의 관심을 끌기 위해서다. 따라서 자선 모금을 할 때, 미녀 스타에게 사회를 맡겨 현장에서 직접 빈곤 아동 자선활동을 위한 영웅을 찾게 한다면, 인색한 구두쇠도 스스로 주머니를 털어 기부금을 낼 것이다.

또한 이런 효과를 높이기 위해서는 미녀의 수를 엄격히 제한해야 한다. 남성은 남녀의 비율이 불균형을 이룰 때 더 관대해진다. 이때 남성은 무의식적으로 교배할 짝을 쟁취하려는 행동을 한다. 미네소타주 대학교 블라다스 그리스케비시우스Vladas Griskevicius 교수의 실험은 이를 증명한다.

실험에서 연구원은 실험에 참가한 남성에게 현대 사회에서 남녀 성비가 심각하게 불균형을 이룬다는 보고서를 읽게 한 후 그들에게 미래 저축 계획과 예상되는 부채를 쓰게 했다. 그 결과 남성은 과거보다 매월 42% 이상의 임금을 지출하고, 84% 이상의 부채를 지게 될 것이라 예상했다.

이런 결과가 나온 주요 원인은 배우자를 선택하기 위한 남성의 욕구에 있었다. 그들은 더 많은 돈을 소비해서라도 여성의 관심을 끌어야 하기 때문이다. 이는 동물 세계에서 수컷들이 암컷을 차지하기 위해 싸우는 것과 같다. 암컷의 비율이 낮아지면, 수컷은 더 호전적으로 변한다. 교배의 기회를 차지해야 하기 때문이다. 인간 세계도 마찬가지다. 다만 인간 세계의 경쟁은 체력이 아니라 재산과 사회적인 지위를 두고 이루어진다.

우리는 모두
가십을 좋아한다

"사장님이랑 비서가 그렇고 그런 사이래요. 김 대리가 사장님 차가 그녀 집 앞에 세워져 있는 걸 자주 봤대요."

이 말을 들은 사람이 다시 그 이야기를 다른 사람에게 전할 때는 전혀 다른 문장으로 탈바꿈된다.

"누가 그러는데 사장님이랑 비서가 그렇고 그런 사이래요. 사장님이 비서 집에서 나오는 걸 자주 봤대요. 사모님이 그것 때문에 이혼을 준비하고 있다는 소문도 있어요."

이야기는 꼬리에 꼬리를 물고 색이 입혀져 하나의 불륜 소설로 치닫게 된다. 이처럼 사람들은 '카더라'라는 소문에 흥미를 가지고 이야기하기를 좋아한다. 하지만 소문은 그야말로 그저 '소문'에 불과한 경우가 많고 결국 무고한 사람들은 상처를 입게 된다.

소문이 쉽게 퍼지는 이유는?

소문은 어디에나 존재하며 시간이 지날수록 점점 왜곡되어 거짓이 진실로 둔갑한다. 철학자 스피노자Baruch de Spinoza는 사람들이 무언가를 보고 듣거나 학습할 때 깊이 생각하지 않고 믿어 버리는 경향이 있다고 했다. 아무 생각 없이 받아들이고 나서야 그것이 옳은지 아닌지를 판단하는 것이다. 사람들이 소문을 받아들이는 방식도 그와 같다.

시간이 지날수록 왜 소문은 이상한 모양으로 비틀어지며 왜곡되는 것일까? 미국의 심리학자 고든 올포트Gordon Allport는 소문을 전파하는 사람이 소문의 내용 중에서 주관적인 견해에 맞아떨어지는 부분만 받아들인 뒤 자신의 해석으로 구체적인 부분을 수정하여 다시 전파하기 때문이라고 말한다. 그러면서 그는 '소문의 강도 = 사건의 중요성 × 사건에 대한 불명확성'을 주장했다.

옥스퍼드 대학교의 동물학자 로빈 던바Robin Dunbar는 연구를 통해 패거리의 자존심을 높이기 위해 소문을 퍼뜨리는 경우도 있음을 밝혔다. 소문의 진짜 목적은 대부분 진상을 폭로하는 데 있는 것이 아니라 제삼자의 이익을 희생시켜 '거짓 단결' 현상을 만드는 데 있다. 소문이 사회적 관계를 끈끈하게 만들어 주는 이유는 여러 사람이 같은 사람을 증오할 때 강한 유대감이 형성되기 때문이다. 이는 사회관계를 유지하고 공고히 하기 위해 서로를 단장시켜 주는 개코원숭이들의 모습과 유사하다.

도움이 되는 소문도 있다

물론 소문에도 장점이 있다. 연구에 따르면, 소문은 사람의 마음을 안정시키고 사회질서를 유지하는 데 중요한 역할을 하기도 한다. 캘리포니아 대학교의 심리학 박사 매슈 페인버그Matthew Feinberg는 소문의 영향력에 관한 실험을 했다. 부정직한 사람에 관한 소문을 퍼뜨리는 행위에 어떤 장점이 있는지 알아보았다.

첫 번째 실험에서 지원자에게 심박동 측정 장치를 설치하고 게임을 하는 두 사람을 관찰하게 했다. 얼마 후 지원자는 게임을 하는 두 사람이 모두 규칙을 지키지 않으며 승리하기 위해 수단과 방법을 가리지 않는 모습을 보게 되었고 그 모습을 보자 심장 박동이 빨라지기 시작했다. 그때 새로운 선수가 게임에 참여했고 지원자는 다른 선수들의 부정행위를 새로운 선수에게 귀띔해 주었다. 그랬더니 심박동이 다시 안정되었다.

두 번째 실험에서 지원자에게 게임을 관찰하게 하고 부정행위를 하는 선수를 찾게 했다. 그 결과 친사회적인 사람은 부정행위를 저지르는 선수를 보고 좌절감을 느꼈고 다른 선수들에게 그를 조심하라고 일러줄 수만 있다면 편안함을 느낄 수 있을 것 같다고 말했다.

세 번째 실험에서는 지원자에게 부정행위를 하는 선수를 알려 줄 수 있도록 허락했다. 단, 멀리 떨어진 곳에서 정보를 전달해야 하며 대신 실험에 참가한 대가로 받기로 한 보상을 '희생'해야 한다고 말했다. 그리고 다른 선수들에게 정보를 알린다 해도 부정행위를 한 선수의 점수에는 영향을 미치지는 않을 거라고 이야기했다. 이러한 규칙에 대부분의 피실험자는 보상을 희생하고 부정행위를 한 선수에게 영향을 미치지 못함에도 정보를 전달하기를 원했다.

연구 결과, 행동이 불량한 자의 정보를 전달하는 것은 사람들의 기분을 좋게 만들며, 소문을 퍼뜨렸다는 죄책감을 덜어 주었다. 또한 이렇게 소문을 전달하는 행위는 행동이 불량한 자들을 감시하는 역할을 하고, 다른 사람이 이용당하는 것을 막아 주었다. 더불어 소문을 들은 자는 정보에 근거해 상대방의 명성을 판단할 수 있었고 신뢰할 수 있는 사람을 찾는 데도 도움을 받았다.

다시 말해, 불량한 행동을 한 사람에 관한 소문을 전달하는 것은 전달하는 사람의 부담을 줄여 주고, 타인에게 불행한 일이 발생하지 않도록 각성시키는 두 가지 긍정적인 효과를 가진다. 따라서 타인의 불행을 방지하기 위한 잡담을 했다고 해서 양심의 가책을 느낄 필요는 없다.

우리의 대화 중 80%가 잡담이다

사람들은 '가십'을 부정적이고 무료한 일로 여기며, 인간관계에 불리한 영향을 미친다고 생각한다. 그런데 미국 노스이스턴 대학교의 심리학자 리사 펠드먼 배럿Lisa Feldman Barrett과 연구팀은 실험을 통해 가십 정보가 인간의 관찰 행위에 영향을 미치며 사람들은 무의식적으로 피해를 보지 않기 위해 가십에 등장하는 부정적인 인물에게 관심을 가진다는 것을 밝혔다.

첫 번째 실험에서 연구원은 남녀 대학생들에게 30명의 사진을 보여 주고 긍정적·부정적·중립적인 사회 정보를 알려 주었다. 예를 들면, "할머니 짐을 들어드렸다.", "친구에게 의자를 집어 던졌다."등의 정보를 알려 주고, 왼쪽 눈에는 집 사진을, 오른쪽 눈에는 중립적인 사람의 사진을 보여 주었다. 두 번째 실험 과정 역시 첫 번째 실험과 동일했지만 15명의 사진을 보여 줄 때는 가십 정보를 알려 주고, 나머지 15명의 사진을 보여 줄 때는 어떤 감정도 포함되지 않은 정보를 알려 줬다.

연구 결과, 첫 번째 실험에서 부정적인 가십 정보를 들은 대학생들은 사진을 더 오랫동안 관찰했다. 또한 두 번째 실험에서 역시 대학생들은 불쾌한 정보를 받았을 때 가장 오랫동안 사진을 관찰했다. 즉, 사람들은 부정적인 가십 정보를 더 중요하게 생각했다. 이처럼 가십 정보는 사람들의 관심을 끌기 마련인데, 이는 인류의 진화와 깊은 관계가 있다. 소위 '악인'을 감지하여 걸러내는 과정에서 사람들이 입을 피해를 줄일 수 있기 때문이다.

사람들은 타인의 성공이나 실패를 직접 경험해 보지 않더라도 가십을 통해 간접적으로 체험할 수 있다. 가십은 사회를 배울 수 있는 도구이자, 인류 사회가 교류할 수 있도록 도와주는 중요한 매개체다.

영국 서리 대학교University of Surrey의 사회심리학자 니콜라스 엠러Nicholas Emler는 300명의 지원자를 대상으로 실험을 진행한 결과, 대화에서 잡담이 차지하는 비중이 80%에 달한다는 사실을 발견했다. 그리고 대부분의 사람이 타인에 대한 잡담을 하는 이유가 좋은 의도거나 별다른 의미가 없다고 대답했으며, 악의적이라고 대답한 비율은 5%에 불과했다.

한편 사람들은 일반적으로 여성이 남성보다 잡담을 좋아한다고 생각하지만, 타인의 외모에 대해 악담을 하는 비율은 남성이 여성보다 2배나 더 높았다.

여성들은 정말 소문을 좋아할까?

18~65세 여성을 대상으로 조사한 결과, 여성은 매주 3건의 소문을 듣고, 그것을 타인에게 전달하고 싶은 욕구를 참지 못해 평균 47시간 15분 안에 최소 1명 이상에게 전달했다. 여성들은 가장 먼저 남자친구나 남편, 동성 친구, 가족에게 전했으며 이는 소문의 내용과 관계자가 누구인지에 따라 결정되었다. 또한 60%의 사람이 소문에서 알게 된 '비밀'을 그 비밀과 무관한 사람에게 털어놓았으며 45%의 사람은 비밀을 안고 있다는 부담을 줄이기 위해 타인에게 폭로했다. 그러나 이들 중 60% 이상의 사람은 비밀을 밝힌 뒤 죄책감을 느꼈으며 27%의 사람은 이튿날 자신이 들은 가십을 잊어 버렸다.

여성이 이처럼 소문을 좋아하는 이유는 진화론적으로 설명할 수 있다. 첫째, 여성은 원활한 인간관계를 유지하기 위해 타인의 사생활을 알고 싶어 한다. 이는 여성의 선천적인 특징이다. 여성은 가정의 수호자로서 타인과 긴밀한 인간관계를 유지해야 했다. 이런 본능적인 욕구가 주변 친구들의 가정환경과 사생활 등 시시콜콜한 사정까지 알게 만든다.

둘째, 아주 오랜 옛날 남성은 수렵활동을 하고, 여성은 채집활동을 했다. 이때 남성은 사냥을 하면서 사냥감이 놀라서 달아나지 않도록 숨죽여 기다려야 했지만, 여성은 채집활동을 하면서 사람들과 대화를 나누었다.

셋째, 여성은 남성보다 가십에 유리한 뇌구조를 가지고 있다. 뇌의 자기공명영상MRI을 보면 면대면 접촉 시 여성은 뇌의 14~16개 부분이 활성화되지만 남성은 뇌의 4~7개 부분만 사용한다.

그 밖에도, 소문은 체내의 프로게스테론(여성호르몬)을 증가시켜 스트레스를 줄여 주며, 기분을 즐겁게 하고 신체를 건강하게 만든다.

소문을 좋아하는 사람이 얻는 이득은 많다. 긍정적인 소문은 정신건강에 좋은 영향을 미치며, 자존감이 일시적으로 향상되는 효과도 볼 수 있다. 그러나 유언비어를 퍼뜨리는 일은 반드시 삼가야 한다. 유언비어는 사회 정보가 불투명해지고 세상이 불안과 불신으로 팽배해져 있을 때 등장한다.

이러한 유언비어의 살상력은 영구적이며, 진실을 밝혀도 쉽게 사라지지 않는다. 그것은 소문의 진상을 밝히는 사람을 믿지 못해서가 아니라, 우리가 어떤 정보도 쉽게 믿지 못하는 세상에 살고 있기 때문이다.

나보다
몸이 먼저 말한다

　사람들은 표정과 자세 등 신체언어로 상대방의 성격과 심리 상태를 판단하려 하지만 정작 자신의 신체언어는 꽁꽁 숨기고 싶어 한다. 이는 상대방보다 유리한 위치에 서고 싶어서다.

　심리학 연구에 따르면, 신체언어는 생각보다 정확하다. 미국 심리학자 폴 에크만Paul Ekman은 사람들의 미세한 표정만 보고도 거짓말을 하는지 알 수 있다고 주장했다. 하지만 미세한 표정을 정확히 읽기 위해서는 장기간 전문적인 훈련을 받아야 한다. 이렇게 훈련받은 경험이 있는 사람들은 흔들리는 눈빛만으로도 상대방이 거짓말을 하는지 알 수 있다. 거짓말을 하는 상황에서는 뇌 사용량의 증가로 눈동자의 움직임을 통제하지 못해 눈빛이 흔들리기 때문이다.

걸음걸이만 봐도 그 사람을 알 수 있다

미세한 표정에 비해 신체언어는 관찰하기 쉬운 편이다. 그중에서 걷는 자세를 관찰해 보면 그 사람에 관한 정보를 알아낼 수 있다.

영국의 한 심리학자는 뇌와 멀리 떨어진 신체 부위일수록 신뢰도가 높고, 뇌와 가까운 부위일수록 신뢰도가 떨어진다는 사실을 발견했다.

사람들은 타인과 만났을 때 존중의 의미로 또는 습관적으로 상대방 얼굴을 바라본다. 그래서 거짓말을 할 때 들키지 않으려고 의도적으로 눈빛과 표정을 감추려고 애쓴다. 하지만 뇌에서 멀리 떨어진 다리까지는 신경 쓸 겨를이 없어 얼굴이나 손보다 더 많이 움직이게 된다. 거짓말을 할 때 외에도 우리는 걸음걸이만으로도 상대를 파악할 수 있다. 걸음이 빠르고 다부진 체격은 현실적이고 영리하여 사업에서 성공한 사람이 많다. 이런 사람은 신용을 중시하며 자기만의 주관과 판단력으로 다양한 분야에 용감히 도전한다. 또한 적응 능력이 뛰어나고 업무 효율이 높으며 맺고 끊음이 확실하다. 반면에 걸음이 느린 사람은 우유부단하고 모험 정신이 부족하여 위기가 닥치면 뒷걸음질 칠 수 있다.

그 외에도 여러 가지가 있다. 걸을 때 몸이 앞으로 기울어진 사람은 내성적이고 인간관계를 잘 관리하지 못하며 감정을 중시한다. 바람만 불어도 쓰러질 것처럼 걷는 사람은 위선적이며 남에게 과시하기를 즐긴다. 껑충껑충 걷는 사람은 외향적이고 진실되며 말주변이 좋지만 덜렁거리는 성격이다. 걸을 때 두 손을 규칙적으로 흔드는 사람은 자기 주장이 강하고 자신감이 넘치지만 독단적인 경향을 보인다.

다양한 손짓 언어 읽기

걷는 자세 외에도 손짓을 보고도 사람의 성격과 생각을 읽을 수 있다. 심리학자들은 기본적인 예절인 악수를 중요하게 여긴다. 앤드루 갤럽의 연구에 따르면, 악수할 때 악력의 강도로 그 사람의 특징을 잡아낼 수 있다고 한다. 악력은 사람의 침략적 행동 및 성 행위와 깊은 관련이 있기 때문이다. 그래서 이를 통해 약자를 괴롭히는 사람의 심리 상태를 파악할 수도 있다. 또한 악력이 강하다는 건 건강하다는 신호이기도 하다.

실제로 조사해 보니, 악수할 때 악력이 센 남성은 일반적으로 고등학생 시절 공격적 성향이 강했고, 성 경험이 빨랐으며 성 파트너도 많았다. 반면, 여성의 경우 악력은 성 경험과 사회 행위와는 아무런 관련이 없었다.

아이오와 대학교 그레그 스튜어트Greg Stewart의 연구에 따르면, 면접 시에도 좋은 인상을 남기려면 힘 있는 악수가 중요하다고 한다.

실험에서 연구원은 대학생 그룹을 대상으로 모의 면접을 실시했다. 면접관은 학생들의 표정에 점수를 매겼고 악수 평가위원 5명은 그들의 악수법, 악력, 손을 잡고 있는 시간, 활력, 눈빛 교환을 평가했다. 실험에서 면접관은 주로 악수 점수가 높은 사람들을 고용한 반면, 악력이 약한 사람에 대해서는 깊은 인상을 받지 못했고 소심하고 겁이 많다고 생각했다.

흥미로운 점은 여성의 경우 악수 점수가 전반적으로 낮았지만 힘을 주어 악수한 여성은 남성에 비해 더 높은 점수를 받았다는 사실이다.

그렇다고 악력이 약한 사람이 모두 소심하고 겁이 많다는 의미는 아니다. 오히려 '뼈가 으스러질 정도'로 열정적인 악수는 자부심과 상대를 통제하려는 욕망이 강하며, 신뢰도가 떨어진다는 오해를 받을 수도 있다. 따라서 악수를 할 때는 악력을 적절히 조절하는 게 좋다.

일상생활에서 악수를 한 뒤에 상대방을 평가해 본 적은 누구나 있을 것이다. '타인과 악수하기를 싫어하는 사람은 내성적인 반면, 두 손으로 악수하는 사람은 성실하고 외향적이다.', '악수를 할 때 손을 계속 흔드는 사람은 일을 대강대강 처리하려는 경향이 강하다.', '상대방의 손을 꽉 잡고 잘 놓아주지 않는 사람은 그와

친구가 되고 싶다는 의미다.'

그렇다면 어떻게 악수하는 것이 가장 좋을까? 맨체스터 대학교의 심리학 교수 제프리 비티Geoffrey Beattie는 완벽한 악수란 적당한 힘으로 손을 세 번 흔들고, 2~3초 정도 유지하는 것이라고 했다. 또한 악수를 할 때 눈빛을 교환하고 미소를 유지해야 한다.

기타 손짓 언어와 관련해 저명한 언어학자 앨런 피스Allen Pease는 손바닥이 위로 향하는 것은 악의가 없으며, 복종과 수용을 의미하고 반대로 손바닥이 아래로 향하는 것은 명령이나 저항을 의미한다고 말했다. 예를 들어 배우자와 손을 잡을 때는 남성의 손바닥이 아래로 향하고, 여성의 손바닥이 위로 향한다. 이는 남성의 힘이 강하며, 여성은 그에 복종한다는 의미다. 따라서 자신과 동등한 신분의 사람을 만났을 때 자신의 손바닥을 아래로 향하면 우월한 기분을 느낄 수 있다.

앉은 자세로 성격을 읽다

앉은 자세로도 사람의 성격을 파악할 수 있다. 예를 들어 허리를 곧게 펴고 두 다리를 가지런히 모아 똑바로 앉는 사람은 헌신적인 경향을 보인다. 반면에 두 다리를 꼬아서 앉는 사람은 외향적이거나 독선적이다. 그 외에도 두 다리를 곧게 펴서 앉는 사람은 성격이 시원시원하며, 몸을 뒤로 기대어 앉은 사람은 대화에 관심이 없을 가능성이 높고 몸을 앞으로 기울인 사람은 적극적으로 교류하길 원한다.

몸을 웅크리고 앉으며 종아리를 의자 아래에 두고 두 손을 허벅지 사이에 끼우는 사람과 발을 교차해서 앉는 사람은 걱정이 많고 자신이 없다. 다리를 꼬고 앉아 떨기를 좋아하는 사람은 성격이 괴팍하다. 허벅지는 붙이고 종아리는 떨어뜨린 채 발끝으로 '거꾸로 팔八자'를 만드는 사람은 내성적이다. 손으로 뺨을 괴고 한쪽으로 기울게 앉아서 상대방의 말을 경청하지 않는다면 상대방을 의심하고 있다는 뜻이다. 두 다리를 붙이고 발꿈치를 땅에 댄 채 앉는 사람은 예민하고 비판에 약하다. 손을 맞잡고 뒤로 기대어 앉은 사람은 자기중심적이다.

또한 앉은 자세는 그 사람의 심리 상태와 성격과 관계가 깊으며 특히 여성의 경우 앉은 자세에 따른 특징이 잘 드러난다. 예를 들어 두 다리를 붙이고 지면과 수직으로 세워서 앉는 여성은 보수적이고, 낯선 사람이나 상사와의 교류를 싫어하지만 상대방의 말에는 유심히 귀를 기울인다. 두 다리를 교차해서 앉는 습관을 가진 여성은 외향적이고, 자신감이 넘치며, 사람 만나기를 좋아한다. 그리고 성실하고 솔직하지만, 성질을 잘 내고, 기지가 부족하다.

누 다리를 떨어뜨리고 발끝을 바깥으로 향해서 앉는 여성은 타인을 관찰하길 좋아하며 과감하고 이성적이지만 고집이 세다. 두 다리를 붙이고 옆으로 기울여 앉는 여성은 스스로 우아하다고 생각한다. 그리고 자신의 매력을 이용해 친구를 사귀거나 적대적인 사람에게 대응하지만 느릿한 성격이고 아첨을 잘한다.

심리에 따라
통증을 더 느낄 수 있다

마음이 아프면 몸도 아프다

통증은 신경을 자극하는 신체 반응이라고 하지만 심리학자들은 연구를 통해 일종의 심리 작용임을 밝혔다. 한 심리학 실험에서 연구원은 지원자 몸에 장비를 설치하여 피부에 화끈거리는 통증을 가했다. 이때 평균 통증지수는 66이었다. 얼마 후, 지원자의 정맥에 진통제를 주입했다.

흥미로운 점은 당사자 모르게 진통제를 주입했을 때는 통증지수가 55로 떨어졌는데, 당사자에게 알려 주었을 때는 통증지수가 39까지 떨어졌다는 사실이다. 더 재밌는 것은 진통제를 주입하면서 이미 주입이 끝났다고 거짓말히면 통증시수가 64로 올라갔다는 점이다.

이를 통해 긍정적인 심리 상태는 진통제 효과를 두 배로 올려주지만, 부정적인 심리 상태는 진통제 효과를 크게 떨어뜨린다는 사실이 입증되었다. 즉, 진통제 치료를 받을 때 긍정적인 암시를 한다면 통증을 줄일 수 있다.

통증이 심리 작용이자 신체 작용이라는 또 다른 증거로 상대에게 거절당했을 때의 통증을 들 수 있다. 애인에게 이별 통보를 받은 사람은 마음이 아프기도 하지만 실제로 신체적인 고통을 느끼기도 한다. 연구에 따르면, 아름다운 사랑이 끝나고 나면 사람들은 정말 '가슴이 찢어지는 고통'을 느낀다고 한다. 미시건 대학교의 에단 크로스Ethan Kross 심리학 교수와 연구팀은 6개월 전에 연인과 이별하고 아직도 거절당한 아픔에 괴로워하고 있는 지원자를 대상으로 실험을 진행했다. 실험은 4단계로 이루어졌다.

1단계, 헤어진 연인의 사진을 보며 이별했을 당시를 생각한다. 2단계, 친구 사진을 보며 즐거웠던 추억을 회상한다. 3단계, 지원자 팔뚝에 발열 장치를 설치하고 편안한 온도로 설정한다. 4단계, 발열 장치의 온도를 통증이 느껴질 정도로 올린다. 단, 상해를 가해서는 안 된다.

그 결과, 자기공명영상MRI으로 지원자의 뇌를 촬영해 보니 신체에 통증이 느껴질 때와 연인과 이별했을 당시를 떠올릴 때 활성화되는 대뇌 부위가 동일했다.

이처럼 상대에게 거절당했을 때 반응하는 대뇌 부위와 신체적인 통증에 반응하는 부위가 같은 이유는 이별 행위가 신체적인 통증을 유발했다는 뜻이다. 즉, 이별은 심리적인 아픔과 함께 신체적인 아픔도 동반한다.

크로스와 연구팀은 최초로 심리적인 통증이 신체 통증을 유발한다는 사실을 입증했다. 이런 상황에서 진통제를 복용하는 것은 아무런 효과가 없다. 당신은 과거에 열렬히 사랑했던 연인을 언제 어디서든 쉽게 떠올릴 수 있기 때문이다.

통증을 줄이는 방법1 양손으로 문지르기

손가락을 다치면 아이들은 다친 손가락을 입에 물고 있는데 이것은 동물이 혀로 상처 부위를 핥는 것과 같다. 동물들이 상처를 핥는 이유는 통증을 줄이기 위해서라고 알려져 있다. 그렇다면 사람도 다친 손을 꼭 쥐고 있으면 통증이 줄어들까? 효과는 분명히 있다. 런던대학교 커머스 교수의 실험에 따르면, 손가락을 서로 문지르면 통증이 크게 경감되었다.

그 밖에도 다쳤을 때 사람들은 자기도 모르게 양팔을 X자로 교차한다. 자신을 안는 행동이 보호받는 느낌을 주기 때문이다. 이런 무의식적인 행동도 통증을 줄여 줄까? 런던대학교 신경학과의 지안도메니코 이아네티Giandomenico Iannetti 교수는 지원자의 팔에 '순수한 통증'을 가하고, 뇌전도로 이 통증의 변화를 관찰했다. 여기서 '순수한 통증'이란 비접촉식 통증으로 유지시간이 짧은 것이 특징이다. 이아네티 교수는 레이저로 지원자의 팔에 통증을 가했다. 통증은 4밀리초 정도 지속되었다. 이때 지원자가 가슴 앞에서 양팔을 X자로 교차하니 신기하게도 통증이 줄어들었다.

실제로 이는 마음속 고통을 줄여 주어 좀 더 몸을 편하게 만들어 준다. 이는 통증이 심리 작용이자, 신체 작용이라는 것을 의미한다.

통증을 줄이는 방법2 욕설과 명상

뜨거운 물을 엎는 것처럼 갑작스러운 사고로 다쳤을 때 사람들의 입에서는 자기도 모르게 욕이 튀어나온다. 그런데 한바탕 욕설을 퍼붓고 나면 기분이 한결 좋아질 때가 있다.

영국 킬 대학교University of Keele 심리학과의 리처드 스테판Richard Stephens 교수는 통증이 느껴질 때 욕을 하는 것은 정서적 반응이며 신체 통증을 줄여 준다고 한다. 그러나 이에 반대하는 심리학자는 욕설이 오히려 통증을 확대시킨다고 주장한다. 스테판 교수도 처음에는 오히려 욕설이 통증을 견디는 능력을 떨어뜨린다는 가설을 세우고 실험을 진행했다.

실험에서 연구원은 대학생을 두 그룹으로 나누고 손을 얼음물에 넣게 했다. 그런 뒤 첫 번째 그룹의 학생들에게는 계속 욕을 하게 하고 두 번째 그룹의 학생들에게는 공격적인 언어를 사용하지 않게 했다. 그리고 두 그룹의 심장박동을 측정했다.

그 결과, 첫 번째 그룹이 얼음물에서 견디는 시간은 2분이었다. 이때 심장박동이 빨라졌는데, 여학생이 남학생보다 심장박동률이 크게 변했다. 두 번째 그룹이 얼음물에서 견디는 시간은 첫 번째 그룹의 62.5% 수준이었다. 이는 실험 전에 세웠던 가설과 정반대였다.

주목할 점은 평소 욕을 자주 하는 사람은 오히려 큰 진통 효과를 보지 못했다는 사실이다. 스테판 교수는 욕을 했을 때 통증이 줄어드는 이유는 신체에 '도망치지 말고 싸워야 한다.'라는 신호를 전달하기 때문이라고 한다. 그러면 심장박동이 빨라지고 공격적 성향이 강해지는 등 신체적·심리적 변화를 불러올 수 있다.

한편, 욕을 할 때 진통 효과가 나타나는 것은 극심한 통증에서 주의력을 분산시켜 주기 때문이라는 주장도 있다. 예를 들어 관우가 독화살에 맞아 큰 수술을 받아야 할 때, 마량과 술을 마시며 바둑을 두었던 것도 사실은 주의를 다른 곳으로 돌리기 위해서였다. 심리학 연구에 따르면, 마음을 분산시켰을 때 통증 신호가 중추계통으로 가지 못하게 억제하여 통증을 완화할 수 있기 때문이다.

또 다른 실험에서는 지원자에게 짧은 글을 외우도록 요구했는

데 하나는 간단한 내용이고 다른 하나는 복잡한 내용이었다. 그들이 열심히 외우고 있을 때 팔에 뜨거운 통증을 가한다. 그랬더니 복잡한 내용의 편지를 외우느라 초조해진 지원자들은 통증을 쉽게 느끼지 못했다.

이 실험은 정신을 아픈 신체 부위에 집중하면 통증에 민감해지지만, 주의를 다른 곳으로 돌리면 통증도 줄어든다는 사실을 입증했다.

주의력 분산이 통증의 자제력을 향상시킨다는 또 다른 증거는 바로 명상이다. 명상은 통증을 완화하는 역할을 한다. 예를 들어 좋아하는 숫자 하나를 고르고 더 이상 기억하기 어려울 만큼 숫자가 길어질 때까지 하나씩 더해 보자. 그리고 계속 그것을 생각하며 2분 동안 지속하거나 눈을 감고 빨간색 원이나 파란색 육각형처럼 단순한 도형을 생각해 보자.

통증을 줄이는 방법3 키스와 돈 세기

아플 때 연인이 옆에 있다면 욕을 하거나 앉아서 명상할 필요가 없다. 1분 동안 키스하는 것만으로도 고통을 줄일 수 있기 때문이다.

상트페테르부르크 대학교의 연구원은 키스가 심혈관 활동을 안정시키고 고혈압을 방지하며 콜레스테롤 수치를 떨어뜨릴 뿐 아니라, 진통 효과를 가지고 있음을 발견했다. 사람의 타액에는 진통 성분이 함유되어 있는데 키스를 하면 이 성분의 분비량이 늘어나기 때문이다.

그리고 중산 대학교의 저우신웨 심리학 교수와 연구팀은 지폐나 돈을 세면 신체적인 통증과 심리적인 스트레스를 줄일 수 있다는 사실을 발견했다.

실험에서 연구원은 지원자를 두 그룹으로 나누고, 한 그룹은 100위안RMB짜리 지폐 80장을 세게 하고, 나머지 그룹은 일반 종이 80장을 세게 했다. 그리고 두 종류의 통각 테스트를 진행했다. 첫 번째 테스트에서는 손가락을 뜨거운 물에 넣게 했다. 이때 처음에는 43℃ 온수에 90초 동안 넣었다가, 다시 50℃ 뜨거운 물에 30초간 넣게 하고 마지막으로 43℃ 물에 60초간 넣게 했다. 그리고 두 번째 테스트에서는 43℃ 물에 190초 동안 넣게 했다.

그 결과 첫 번째 테스트에서 돈을 센 그룹이 느끼는 통증은 비교적 적었으나, 두 번째 테스트에서는 돈을 센 그룹과 종이를 센 그룹 간에 확연한 차이가 나타나지 않았다. 이는 종이를 세는 것보다는 돈을 셀 때 통증이 줄어든다는 사실을 말해 준다.

또 다른 실험에서 연구원은 위의 실험처럼 돈을 세거나 종이를 센 뒤에 컴퓨터로 축구 게임을 하게 했다. 그리고 이때 지원자에게는 다른 세 명의 사람과 함께 게임을 한다고 하고 사람이 아닌 컴퓨터로 게임을 조작했다. 컴퓨터는 지원자가 소외되는 기분이 들도록 그에게 공을 패스하지 않도록 프로그래밍되었다. 실험 결과, 돈을 센 사람에 비해 종이를 센 사람이 더 소외감을 크게 느꼈다.

돈과 사랑은 마음을 안정시켜 주며 그 사람의 사회적 지위를 올려 주기도 한다. 사회적 관계가 좋지 않은 사람일수록 돈에 집착하는 이유도 여기에 있다. 돈은 고통을 줄여 주는 가장 간단한 방법이기 때문이다. 그러므로 고통스러운 치료를 받고 있거나 경제적인 상태가 좋지 않은 사람을 보았을 때, 돈을 꺼내 세어 보라고 권하는 것은 좋은 방법이 될 수 있다.

다만 돈이 주는 진통 효과는 사랑보다 길지 않다. 사람은 적응하는 동물이며 그것은 돈도 마찬가지이기 때문이다. 또한 돈의 진통 효과는 현금일 때만 가능하며 신용카드나 대체화폐는 효과가 없었다.

통증을 줄이는 방법4 우정과 선의

사회적 관계가 신체 통증을 줄일 수 있다는 또 다른 증거가 바로 우정이다. 우정은 상처를 빠르게 낫게 도와준다. 오하이오 주립대학교 신경심리학과의 코트니 드브리스Courtney DeVries 교수는 실험을 통해 짝이 없는 햄스터의 경우, 짝이 있는 햄스터보다 상처가 아무는 속도가 느리다는 사실을 발견했다. 혼자 사는 햄스터의 상처가 비교적 느리게 아물었으며, 부부 햄스터와 비교했을 때 두 배의 시간이 걸렸다. 이는 스트레스 호르몬인 '코르티솔'이라는 물질 때문인데, 이 호르몬은 상처가 아무는 걸 방해한다.

또 다른 실험에서는 먼저 햄스터를 네 그룹으로 나누었다.

1그룹은 혼자 살고 스트레스가 없는 햄스터, 2그룹은 혼자 살지만 스트레스가 있는 햄스터, 3그룹은 부부가 함께 살고 스트레스가 없는 햄스터, 4그룹은 부부가 함께 살지만 스트레스가 있는 햄스터다.

실험 결과, 2그룹 햄스터의 상처는 다른 그룹보다 25% 커졌으며 일주일이 지나도 호전되지 않았다. 또한 코르티솔 수치를 측정해 보니 혼자 사는 햄스터가 부부로 함께 사는 햄스터보다 1.5배 더 높았다. 그리고 부부가 함께 살고 있지만 스트레스가 있는 햄스터의 코르티솔 수치는 정상이었다. 이는 사회적 관계를 잘 맺지 못하면 신체에 유해한 호르몬이 생성될 가능성이 크다는 사실을 보여 준다.

버밍엄 대학교 심리학과의 스튜어드 더비셔Stuart Derbyshire 교수와 연구팀은 대학생 그룹을 대상으로 부상당한 운동선수, 주사를 맞는 환자 등 고통스러운 장면을 보게 했다. 그러자 3분의 1에 가까운 학생들이 최소한 1개 이상의 장면에서 함께 통증을 느꼈는데 상대방이 아픈 곳과 같은 부위였다.

선의는 우정과 유사한 감정이다. 그렇다면 선의는 통증을 완화하는 데 효과가 있을까? 내게 도움을 주려는 마음으로 친구가 나를 다치게 했다면 화가 많이 나지 않는다. 하지만 나쁜 의도를 가지고 고의로 다치게 했다면 우리가 느끼는 통증은 더 커질 것이다. 예를 들어 남편이 당신을 위해 아픈 종아리를 마사지하다가 과하게 힘을 줬다면 많이 아프게 느껴지지 않는다. 하지만 말다툼을 하다가 다치게 했다면 엄청나게 아플 것이다. 축구장에서 친구가 몸싸움하다 당신과 부딪혔다면 그저 조금 아프다는 느낌이 날 뿐이다. 하지만 상대방 선수가 똑같은 힘으로 일부러 당신을 밀었다면 참을 수 없이 아플 것이며 상대방과 싸움이 날 수도 있다.

이 같은 고의적인 행동으로 생긴 통증이 의도치 않게 생긴 통증보다 더 아픈 것은 실험으로도 증명되었다.

하버드 대학교 심리학과의 대니얼 웨그너Daniel Wegner 교수가 대학생 그룹을 대상으로 한 가지 실험을 진행했다. 지원자는 신분을 알 수 없는 파트너(사실은 연구팀 소속) 1명과 팀을 이뤄 각각 다른 방에 들어간다. 파트너는 지원자에게 두 가지 일을 실시할 수 있다. 소리의 강약을 측정하는 것과 전기충격을 가하는 것. 그리고 무엇을 선택할지는 전적으로 파트너가 결정한다. 지원자는 컴퓨터 모니터로 파트너가 자신에게 전기충격을 가하는지, 소리의 강약을 측정하는지 볼 수 있다.

첫 번째 상황에서 파트너는 전기충격을 선택했고, 전기충격을 받은 지원자는 파트너가 고의로 그랬다고 생각했다. 반면 두 번째 상황에서 파트너는 소리의 강약을 측정하기로 선택하고 실제로는 전기충격을 가했다. 이때 대학생은 고의성이 없다고 판단했다.

그 결과, 전기충격의 강도는 둘 다 같았지만 지원자는 첫 번째 전기충격의 통증이 두 번째보다 더 컸다고 답했다. 다시 말해, 파트너가 고의적으로 고강도 전기충격을 선택했다고 판단했을 때의 통증이 무의식적으로 가한 전기충격보다 두 배 이상 아프게 느껴진 것이다. 반면 무의식적으로 전기충격을 받았다고 생각했을 때는 자극에 익숙해지면서 통증도 점점 약하게 느껴졌다. 이는 악의적인 의도가 통증을 더 느끼게 한다는 사실을 의미한다.

따뜻한 물 한잔이
소외감을 없애 준다

사회생활에서 소외를 당하면 통증이 느껴지면서 몸이 차가워진다. 가장 믿고 의지하던 친구에게 배신당했을 때도 온몸이 서늘해지면서 갑작스레 추위가 느껴진다. 앞서 살펴봤듯이 심리에 따라 통증의 강도가 달라지듯 체온도 심리에 따라 달리 느껴질까?

소외감을 느끼면 몸이 차가워진다

토론토 대학교 심리학과의 중천보 교수 연구팀은 사회로부터 고립되고 냉대받은 사람은 외부 온도를 실제보다 낮게 느낀다는 사실을 밝혔다. 다시 말해, 심리적으로 '춥다'고 느끼면 실제로 주변 온도까지 낮다고 느끼는 것이다. 중천보 교수 연구팀은 사람들이 고독을 느낄 때 신체 상태가 어떻게 변하는지 알아보기 위해 두 그룹의 대학생을 상대로 실험을 진행했다.

첫 번째 실험에서 A그룹에게는 모임에서 냉대받았던 경험 등 소외감이 들었던 기억을 떠올리게 하고, B그룹에게는 사람들과 즐겁게 어울렸던 기억을 떠올리게 했다. 그리고 시간이 지나 주변 온도를 예상해 보라고 했다. 12℃~40℃ 범위에서 각 그룹이 예상한 온도는 확연한 차이를 보였다. 소외감이 들었던 기억을 떠올린 A그룹은 주변 온도를 평균 21.44℃라고 답했고, 따뜻한 기억을 떠올린 B그룹이 예상한 평균 온도는 24.02℃였다. 이처럼 소외감을 느꼈던 기억은 사람을 더 춥게 만들고, 좋은 기억은 더 따뜻하게 만들었다. 이는 심리적·신체적으로 모두 동일한 결과를 보였다.

두 번째 실험에서는 지원자 그룹에게 컴퓨터 축구 게임을 하게 했다. 이때 게임은 일부 사람에게만 골을 넣을 기회를 많이 주고, 나머지 사람에게는 전혀 기회를 주지 않도록 프로그래밍되었다. 골 넣을 기회를 박탈하여 소외감을 느끼게 한 것이다. 이후 지원자에게 따뜻한 커피, 시원한 물, 과일, 수프 등 먹고 싶은 음식이나 마시고 싶은 음료를 순서대로 나열하게 했다. 그 결과, 게임에서 소외감을 느꼈던 사람들은 상대적으로 따뜻한 음료를 마시고 싶어 했다. 푸대접받았다고 느꼈기에 따뜻한 음료를 마심으로써 위안을 얻고 싶었던 것이다.

그렇다면 신체 온도가 올라가면 심리적으로 춥다는 느낌도 사라지는 걸까? 온도가 사람의 태도에 영향을 미친다는 사실은 심리학자들의 많은 연구를 통해 입증되었다. 따뜻한 물 한잔이 친구의 고독감이나 소외감을 없애는 데 상당한 도움이 되었다. 따뜻한 물을 마시면 신체 온도가 상승하면서 소외감으로 인한 괴로움이 크게 줄어들기 때문이다.

이처럼 고독한 사람은 주변에서 온기를 느낄 수 없으므로 신체 온도를 올려 차가운 마음을 보상받길 원한다. 그러니 고독하다면 따뜻한 욕조에 몸을 담그거나 따뜻한 수프를 먹고 마음속의 한기를 몰아내 보는 것이 좋다.

반면 따뜻함이 고독감을 줄여주는 것처럼 추위는 사람을 더 고독하게 만들 수 있다. 고독감과 추위의 관계는 유아기 때 형성된다. 아기가 엄마로부터 따뜻한 시선과 손길을 받을 때는 따스함을 느끼지만 엄마가 냉정하게 대하면 추위를 느낀다. 이는 성인이 되어서도 마찬가지다.

몸이 따뜻하면 마음도 따뜻해진다

콜로라도 대학교 심리학과 로렌스 윌리엄스Lawrence Williams 교수도 유사한 실험을 통해 따뜻한 몸이 마음을 따뜻하게 해 준다는 사실을 발견했다. 윌리엄스는 신체 온도가 그 사람의 성격을 판단하는 데 영향을 미치는지 알아보기 위해 대학생을 대상으로 두 가지 실험을 진행했다.

첫 번째 실험에서 연구원은 대학생을 두 그룹으로 나누어 A그룹에는 따뜻한 커피를 들게 하고, B그룹에는 시원한 커피를 들게 한 후 엘리베이터를 타게 했다. 이때 엘리베이터에 한 손엔 음료, 다른 한 손에 책을 든 실험 도우미가 지원자 학생에게 커피를 좀 들어 달라고 부탁했다. 이후 지원자 학생에게 엘리베이터에서 만난 사람의 인상에 대해 물어본 결과, 따뜻한 음료를 들었던 학생은 인상이 좋았다고 했고 시원한 커피를 들었던 학생은 부정적으로 평가했다. 비록 짧은 시간이었지만 신체의 온도 변화가 타인을 평가하는 데 영향을 미친 것이다.

두 번째 실험에서 도우미는 학생들에게 각각 따뜻한 의료용 보호대와 시원한 의료용 보호대를 손에 차게 했는데 착용이 끝나면 학생들은 아이스크림 쿠폰을 받아서 친구에게 선물하거나 자신이 가질 수 있었다.

실험 결과, 따뜻한 보호대를 찬 사람은 54%가 쿠폰을 받아 친구에게 선물했고, 시원한 보호대를 찬 사람은 25%가 선물했다. 즉, 손으로 따뜻함을 느낀 사람들이 친구에게 선물할 확률이 더 높았다.

이러한 실험은 손이 따뜻하면 포용력과 관용이 증가하며, 손이 차가워지면 남에 대한 믿음이 줄어들고 선물하고 싶은 마음도 없어진다는 사실을 설명해 준다. 즉, 따뜻한 커피를 들고 있을 때가 시원한 콜라를 들고 있을 때보다 다른 사람에게 더 우호적이 된다. 그래서 마음이 넓고 인자한 사람을 가리켜 '따뜻한 사람'이라고 부르는 것이 아닐까.

사실 소외감뿐 아니라, 소원한 인간관계도 온도와 밀접한 관련이 있다. 쾌적함을 느끼는 범위 안에서 온도가 올라가면 타인과의 관계도 더 가깝게 느껴진다.

다른 유사한 실험에서도 신체적으로 느끼는 온도가 사회적인 행동과 판단에 영향을 미친다는 사실을 입증한다. 사람은 따뜻하다고 느낄 때, 타인에게 친절하며 관용을 베푸는 등 '따뜻한 사람'으로서 행동을 한다. 하지만 온도가 떨어졌다고 느낄 때는 타인에게 불친절하며 인색하게 행동한다. 따라서 사람은 신체 온도 조절을 통해 간접적으로 타인의 심리 상태와 행동에 영향을 미칠 수 있다. 예를 들어 모금운동을 할 때 비교적 따뜻한 계절에 하거나 따뜻한 음료수를 나누어 준 뒤 진행한다면 성공 확률이 높아질 것이다.

손 씻기로
운명을 바꾼다

캘리포니아 대학교 심리학과의 필립 테틀록Philip Tetlock 교수는 몇 가지 의문을 제기했다. 환경의 청결도는 사람의 도덕적 행동에 영향을 미치는가? 더러운 환경과 사회 행동 사이에는 인과관계가 존재할까? 자주 씻어서 신체적으로 청결한 사람은 도덕적 청결도 높아서 타인을 자주 도울까? 아니면 청결한 습관이 신체적·심리적 청결을 느끼게 해서 오히려 타인을 돕고 싶은 마음을 사라지게 하는 건 아닐까?

앞선 실험에서 소외감이 느껴질 때 가슴 앞에서 양팔을 X자로 교차하면 마음이 편안해진다는 이야기를 했다. 소외감은 심리적으로 한기를 느끼게 할 뿐만 아니라 실제로 신체 온도를 떨어뜨린다.

이와 마찬가지로 신체적인 청결도가 도덕적 청결에도 영향을 줄 수 있을지 의문이 든다. 과연 그럴까?

몸을 씻으면 죄책감도 씻을 수 있을까?

정답부터 말하자면 '그렇다'이다. 신체의 청결도는 타인을 도와주려는 의지에 영향을 미친다. 실제로 중천보 교수는 실험을 통해 몸을 씻으면 죄책감도 씻을 수 있다는 사실을 증명했다.

첫 번째 실험에서 연구원은 지원자를 두 그룹으로 나누고, 한 그룹에는 착한 일을 한 경험을 쓰게 하고, 다른 그룹에는 나쁜 일을 한 경험을 작성하게 했다. 그리고 지원자에게 알파벳으로 W__H, SH__ER, S__P라고 쓰인 종이를 보여 주었다. 알파벳은 청결과 관련된 단어 wash(씻다), shower(샤워하다), soap(비누) 또는 청결과 아무런 관련이 없는 단어 wish(희망), shaker(혼합기),

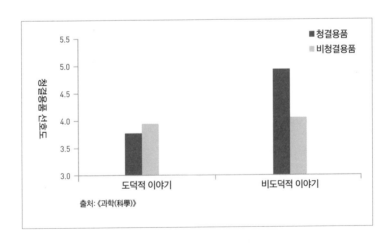

출처: 《과학(科學)》

step(단계)의 단어로 조합할 수 있었다. 그러나 나쁜 일을 한 경험을 떠올렸던 사람들은 청결과 관련된 단어만 떠올렸다. 이는 몸을 깨끗이 함으로써 심리적 죄책감도 씻어 내고 싶다는 생각을 한다는 것을 보여 준다. 사람들은 무의식적으로 자신의 죄를 깨끗이 '씻어 내기'를 원하는 것이다.

두 번째 실험에서는 지원자에게 도덕적 또는 비도덕적인 이야기를 필사하게 했다. 도덕적인 이야기는 변호사가 동료에게 도움을 주었다는 내용이고, 비도덕적인 이야기는 변호사가 불법적인 일에 연루되었다는 내용이다. 필사가 끝난 뒤 연구원은 학생들에게 치약, 비누, 포스트잇 등 생활용품에 대한 기호를 조사했다. 그 결과, 비도적적인 이야기를 필사한 학생들은 청결용품 선택 비율이 훨씬 높았다.

세 번째 실험에서는 대학생을 두 그룹으로 나누고 한 그룹에는 나쁜 일을 한 경험을 떠올리게 하고, 다른 그룹에는 평범한 기억을 떠올리게 했다. 그리고 물티슈나 연필 중 하나를 선택하게 했다. 그 결과 나쁜 경험을 떠올린 학생의 67%가 물티슈를 선택했고, 다른 기억을 떠올린 학생의 33%만 물티슈를 선택했다. 실험을 통해 사람은 몸을 씻는 방식으로 자신의 비도덕적인 행동도 씻어 내길 원한다는 사실이 밝혀졌다.

그렇다면 청결 행위가 도덕성에도 영향을 미칠까?

가설을 증명하기 위해 네 번째 실험을 진행했다. 이 실험에서 지원자 모두 자신의 비도덕적인 경험을 서술하게 했는데 그중 일부 사람들만 물티슈로 손을 닦고 그때의 기분을 기록하게 했다. 그 후 연구원은 지원자 모두에게 보수를 받지 않고 또 다른 연구를 도와줄 의향이 있는지 물었다. 이때 물티슈로 손을 닦은 사람의 41%가 연구원에게 도움을 주겠다고 밝힌 데 비해 손을 닦지 않은 사람들의 74%가 도와줄 의향이 있다고 밝혔다.

이 실험은 씻을 기회가 있는 사람은 타인을 도와줄 마음이 약해진다는 사실을 보여 준다. 이처럼 손 씻기라는 행위를 통해 사람들의 심리적 죄책감은 씻어 내지만 도덕성은 오히려 떨어졌다.

그렇다면 착하게 살라고 권유하기 위해 비도덕적인 행동을 질책하는 것과 도덕 모델을 제시하는 것 중에서 더 좋은 방법은 무엇일까? 후자가 더 나은 방법이라면, 수많은 도덕적 모델이 있음에도 사회의 도덕적 소양이 향상되지 않는 이유는 무엇일까?

진화심리학에 따르면, 사람은 부정적이거나 위험한 정보에 더 관심이 많다고 한다. 우리가 가진 행복으로는 상실의 고통을 상쇄할 수 없다고 생각하기 때문이다. 예를 들어 100만 원을 잃어버린 뒤 100만 원짜리 복권에 당첨되었다고 생각해 보자. 복권이 당첨되면 한 달 동안은 행복하지만 그렇다고 해서 100만 원을 잃어버린 고통이 잊히는 것은 아니다.

같은 원리로, 이론적으로는 무엇을 하라는 충고보다 무엇을 하지 말라는 충고가 더 효과가 있다. 하나님도 소돔과 고모라가 큰 죄악 때문에 멸망했다는 이야기로 사람들에게 경고했다. 죄악감이 주입된 사람은 보다 도덕적인 행동을 하기 때문이다. 다시 말해, 비도덕적이라는 평가를 받은 사람은 도덕적 행동을 통해 자신이 비도덕적인 사람이라는 평가에 반박하고 싶어 한다.

심리적 청결이 도덕적 판단에 영향을 미치는 것은 분명하다. 그렇다면 심리적 청결도와 신체적 청결도를 동일하게 볼 수 있을까?

신체적 청결을 유지하는 사람은 타인의 행동에 너그러운 편이다. 또한 신체적 청결을 통해 심리적인 불결함을 어느 정도 해소할 수 있다. 이런 현상은 종교의식에서 흔하다. 이 방법으로 자신의 죄책감을 줄이려는 것이다. 예를 들어 예수의 처형을 허가한 빌라도는 손을 씻어서 예수를 심판하는 행위와 자신은 관계가 없음을 보여 주었다.

손을 씻으면 후회하는 마음도 씻어 낼 수 있다

어려운 결정을 한 다음에도 계속 의심하고, 자신의 결정이 틀리지 않았음을 증명하기 위해 끊임없이 이유를 찾는 사람들이 있다. 미시건 대학교 심리학과 스파이크 리Spike Lee 교수와 노르베르트

슈바르츠Norbert Schwarz 교수 연구팀은 손 씻기가 결정에 대한 후회를 줄여 주며, 자신의 선택을 받아들일 수 있게 돕는다는 사실을 밝혀냈다.

첫 번째 실험에서 연구원은 소비 습관에 관한 조사를 한다며 지원자에게 CD 30장을 보여 주고 그 중 10장을 선택해 좋아하는 순서대로 배열하라고 했다. 그러면 5번째 CD와 6번째 CD를 대가로 가져갈 수 있다고 말했다. 얼마 후 지원자들에게 액체 비누를 평가하게 한 뒤 그중 일부는 비누로 손을 씻어 볼 수 있게 하고, 나머지는 그저 눈으로만 관찰하게 했다. 그리고 조금 전 배열한 CD 10장을 다시 재배치하게 했다. 그 결과 손을 씻지 못한 학생들은 CD의 위치를 변경했고, 손을 씻은 학생들은 이전과 동일하게 배열했다.

실험을 통해 손 씻기가 자신이 한 선택에 확신을 심어 주며, 어려운 결정을 한 뒤에는 그 선택을 받아들이고 적응할 수 있게 도와준다는 사실이 입증되었다. 자신이 한 결정이 후회된다면 손을 씻어 보자.

손 씻기로 운명을 바꿀 수 있다

슈바르츠는 손 씻기가 자신의 결정에 대해 후회하는 마음을 줄여 줄 뿐만 아니라 리스크가 발생하는 모험을 선택할 때도 영향을 미친다고 말했다. 위 실험에서 손을 씻지 못한 사람은 이전에 자신이 선택했던 방식을 바꾼 경우가 많았다. 그러나 이렇게 되면 이전에 잘못된 결정을 한 사람은 호전되지만, 정확한 결정을 한 사람은 혼란스러워질 것이다.

첫 번째 실험에서 슈바르츠와 두 명의 심리학자는 지원자들을 두 그룹으로 나누었다. 그리고 한 그룹에게는 복권 당첨 등 과거에 재수가 좋았던 기억을 떠올리게 하고, 다른 그룹에게는 소중한 물건을 잃어 버린 경험 등 재수가 없었던 기억을 떠올리게 했다. 그 후, 각 그룹의 학생 절반에게만 물티슈로 손을 닦게 했다. 이후 학생들이 컴퓨터 제조사의 CEO가 되어 상품 연구 개발팀의 제안을 받아들일지 아니면 거절할지를 선택하게 했다. 지원자는 다음의 두 가지 중 하나를 골라야 한다.

A: 기존의 상품을 계속 생산한다면 회사의 이익은 현재의 수준인 연간 2,000만 달러를 유지하는 데 머물 것이다.

B: 시장조사에 따르면 상품을 업그레이드할 경우 연간 400만 달러의 이익을 더 창출할 가능성이 75%다. 단, 1,200만 달러를 잃을 가능성도 25% 존재한다.

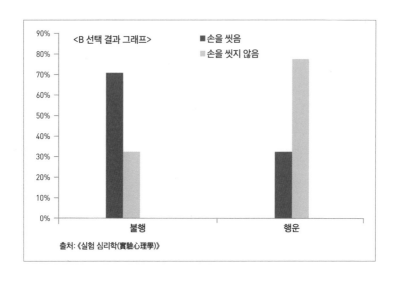

<B 선택 결과 그래프>　■ 손을 씻음　■ 손을 씻지 않음

출처:《실험 심리학(實驗心理學)》

　　실험 결과, 재수가 좋았던 기억을 떠올렸던 그룹 중 손을 씻지 못한 77%가 리스크는 크지만 더 많은 이익을 창출할 수 있는 B를 선택했다. 그리고 재수가 없었던 기억을 떠올렸던 그룹 중 손을 씻지 못한 학생은 36%만이 B를 선택했다. 흥미로운 점은 재수가 없었던 기억을 떠올렸던 그룹 중 손을 씻은 학생은 73%가 B를 선택했다는 사실이다. 또한 운이 좋다고 생각한 학생 중 결정을 내리기 전에 손을 씻은 사람은 35%만이 B를 선택했다. 결론적으로, 과거의 행운을 떠올리는 것은 위험한 선택을 하는 데 영향을 미치지만, 이런 행운도 손을 씻고 나면 모두 사라진다는 것이다.

자세를 낮추면
도움을 받을 수 있다

성의 있는 자세로 사과를 하면 더 쉽게 용서를 받을 수 있을까? 연구에 따르면, 허리를 굽혀 사과를 했을 때 용서를 받게 되는 이유는 '몸을 낮췄기 때문'이라고 한다. 몸의 높이를 낮추면 심리적인 자세도 낮아진다. 이러한 모습은 자선모금 행사에서도 쉽게 찾아볼 수 있다.

높은 곳에 있을수록 너그러워진다

노스캐롤라이나 대학교 심리학과의 로렌스 새나Lawrence Sanna 교수 연구팀은 기부하는 사람이 위치가 높은 곳에 있으면 더 너그러운 마음이 되어 더 많은 기부를 한다는 사실을 발견했다. 이처럼 몸의 상대적인 높이가 행동에 미치는 영향을 확인하기 위해 연구팀은 몇 가지 실험을 진행했다.

실험에서 연구원은 대학생을 무작위로 세 그룹으로 나눈 다음 첫 번째 그룹은 아래 강당에, 두 번째 그룹은 높은 연단에, 세 번째 그룹은 수평 위치에 있게 한다. 그리고 그들에게 설문지 한 무더기를 가져와 도움을 요청한다. 이때 보조원은 생각보다 시간이 좀 걸리는 일이라고 알려 준다. 그 결과, 연단 위에 있던 학생들이 가장 오랜 시간 동안 도움을 주었다.

다른 실험에서도 높은 위치는 동정심과 협동심에 영향을 미친다는 결과가 나왔다. 높은 위치에 있는 사람은 타인에게 벌을 내리는 경우가 거의 없었지만 낮은 위치에 있는 사람은 타인을 혹독하게 다루었다. 이러한 일련의 실험 결과, 높은 위치에 있을수록 마음이 너그러워지며 타인을 도와주려 한다는 것이 밝혀졌다. 이는 도움이 필요할 때는 반드시 몸을 낮춰야 한다는 사실을 말해 준다.

여기에서 몸을 낮추라는 것은 심리적 위치와 물리적 위치를 모두 낮추라는 뜻이다. 벌을 받을 때 무릎을 꿇고 용서를 비는 이유는 아마도 본능적으로 몸을 낮춰야 상대방의 용서를 구할 수 있다는 사실을 감지했기 때문일 것이다.

위치가 높을수록 기대치도 올라간다

상대가 비교적 높은 위치에 있으면 그에 대한 기대치가 올라간다. 작은 물건을 높은 곳에 올려두면 같은 물건일지라도 더 크게 보이는 것 역시 같은 이유다. 즉, 상대의 위치가 높을수록 그에 대한 평가도 함께 올라간다는 것이다.

병원의 시력검사표를 보면 위에서 아래로 내려올수록 글자 크기가 작아진다. 이처럼 아래로 내려올수록 작아지는 형태는 시력을 평가하는 데 어떤 영향을 미칠까? 하버드 대학교 심리학과 마이클 퍼슨Michael Pirson 교수는 시력표를 거꾸로 뒤집어 아래로 내려갈수록 글자가커지는 형태로 시력을 평가하는 실험을 진행했다.

실험 결과는 놀라웠다. 시력 측정자의 시력이 크게 좋아졌으며, 일반 시력표에서 잘 보이지 않던 글자도 분명하게 보였다. 이로써 위치의 높낮이가 우리의 판단력에 영향을 미친다는 사실이 입증되었다. 즉, 위치가 높을수록 더 좋은 평가를 내리게 되는 것이다.

왼쪽보다 오른쪽이 더 좋다

그렇다면 실제 물리적인 자세는 사물의 크기를 판단하는데 영향을 미칠까? 물리학적 관점에서 물이 든 눈금 실린더를 올려다볼 때는 눈금이 실제보다 더 커 보인다. 반대로 내려다보면 실제보다 작아 보인다. 이런 현상은 심리학에도 존재할까? 만약 그렇다면, 물리학적으로 서 있는 지세는 사물의 크기를 판단하는 데 영향을 미칠까?

구체적인 자세가 수치를 판단하는 데 영향을 미치는지 연구하기 위해 에라스무스 대학교의 아니타 에얼란트Anita Eerland 심리학 교수 연구팀은 실험을 진행했다. 평지에서 대학생들에게 건축물 높이, 도시 인구 및 면적 등 다양한 분야를 아우르는 숫자에 관한 문제 39개를 내고 이에 대한 답을 추측하게 했다. 그리고 학생들의 몸이 한쪽으로 치우치는 것을 방지하기 위해 연구원은 학생 앞에 수직 상태인지를 측정하는 모니터를 놓았다. 이때 13개의 문제는 학생들의 몸이 수직 상태일 때 물어보았다. 그리고 연구원은 다시 학생들이 눈치 채지 못하게 평형 판을 왼쪽이나 오른쪽으로 미세하게 기울인 뒤, 나머지 문제를 풀게 했다.

그 결과, 학생들의 몸이 왼쪽으로 기울었을 때 가장 낮은 숫자를 말했다. 그리고 왼쪽으로 몸이 기울었을 때 에펠탑이 더 작아 보였으며, 네덜란드에서 팔린 마이클 잭슨Michael Jackson 싱글앨범의 판매량과 네덜란드 여왕의 자녀 수를 추측하게 했을 때 더 적게 추측했다.

연구 결과는 '심리적 숫자 배열 이론mental number line theory'과 완전히 일치한다. 이 이론은 우리가 어릴 때부터 숫자를 왼쪽에서 오른쪽으로, 작은 수에서 큰 수로 배열해 왔기에 왼쪽에서 오른쪽으로 숫자를 읽을 때 무의식적으로 왼쪽에 있는 숫자가 더 작다고 생각한다는 이론이다. 즉, 앉아 있는 의자를 한쪽으로 기울이면 사물의 높이와 사건의 발생 빈도를 판단하는 데 영향을 미친다는 것이다.

이렇게 몸을 기울이는 것은 사람의 생각에도 영향을 미칠 수 있다. 예를 들어 몸이 왼쪽으로 기울어져 있으면 심리적으로도 왜곡되어 상대방을 무시하는 언행을 할 수 있다. 그러므로 남을 평가하는 자리에 있을 때는 자신의 몸이 왼쪽으로 기울어 있지는 않은지 점검해 볼 필요가 있다. 연구에 따르면, 사람들은 같은 물건이라도 오른쪽으로 기울어져 있는 것을 더 선호한다. 그리고 무의식적으로 왼쪽에 있는 물건을 과소평가한다.

친절한 사람은 단 음식을 좋아한다

물리적인 위치와 심리적인 판단이 서로 상관관계가 있는 것처럼 물리적인 속성과 심리적인 행동도 유사성이 있다. 예를 들면, 한 심리학자는 대학생들을 대상으로 평론에 관한 내용을 이어폰으로 듣게 하고 고개를 위아래로 끄덕이거나 좌우로 흔드는 모습을 관찰했다. 그 결과 고개를 위아래로 끄덕인 학생은 평론의 관점에 동의하는 모습을 보였다.

또한 신체 감각이 서로 통한다는 설득력 있는 증거로 미국 게티스버그 대학교 심리학과의 브레인 마이어Brain Meier 교수의 연구를 들 수 있다. 일반적으로 친절하고 너그러워 보이는 사람을 보고 '스위트sweet'하다고 한다. 이처럼 마이어는 미각이 개성이나 행동과 관련이 있을 거라고 생각했다.

그의 연구팀은 실험을 통해 스스로 친절하고 너그럽다고 생각하는 사람일수록 달콤한 음식을 좋아한다는 사실을 입증했다. 사탕을 좋아하는 사람은 견과류를 좋아하는 사람보다 학교에서 자원봉사를 하거나 남들보다 더 많은 책임을 지려 하고 초콜릿 등 단 음식을 먹고 나면 남들에게 도움을 주길 원한다는 사실도 발견했다.

또 다른 실험에서는 지원자에게 무표정한 사람들의 사진을 보여 주고 그 사람이 선호하는 음식이 무엇인지와 그들의 성격을 추측해서 적어 보게 했다. 그 결과, 단 음식을 좋아할 것 같은 사람은 성격이 좋고 친절하며 자원봉사를 즐길 것 같다는 평가를 받았다.

연구는 단맛과 친사회적인 행동 간에 관련이 깊어 단 음식이 사람들의 성격을 '스위트'하게 만들어 준다는 사실을 입증했다. 이는 단 음식이 체내에 들어가면 마음까지 '스위트'해진다는 말로 음식의 맛과 사람의 심리가 일치한다는 것을 뜻한다.

따라서 안 좋은 일이 생겼을 때 단 음식을 먹으면 감정 조절을 할 수 있다. 자선모금 활동을 할 때 따뜻하고 달콤한 음료를 대접하고, 견과류보다는 사탕을 나누어 주면 사람들의 주머니를 활짝 열 수 있을 것이다.

친구의 마음속에서
나는 어디쯤에 위치하고 있을까?

우리는 자신을 잘 파악하고 인맥을 잘 관리하며, 특히 친구와의 관계를 잘 유지하길 원한다. 그렇다면 친구의 마음속에서 나는 어디쯤에 위치하고 있을까? 한 심리학 연구에 따르면 이는 아주 간단히 확인할 수 있다. 위험을 무릅쓸 필요도 없다. 그저 친구 앞에서 하품을 한번 해 보라. 그런 뒤 상대의 반응을 살펴보면 그만이다.

사람들은 대화를 할 때 하품을 하는 것은 이야기에 관심이 없거나 졸려서라고 생각한다. 하지만 친구 앞에서 하품을 하는 이유는 조금 다르다. 프린스턴 대학교의 진화생물학자 앤드루 갤럽Andrew Gallup은 사람이 하품을 하는 이유는 공기를 충분히 흡수하여 대뇌의 온도를 낮추기 위해서라고 했다. 인간의 뇌는 컴퓨터처럼 온도에 아주 민감하므로 서늘하게 유지해야 효율이 오른다.

여름에는 기온이 높아서 뇌에 쉽게 열이 발생하므로 하품으로 공기의 열 교환을 일으켜 온도를 낮춰야 한다. 하지만 여름철 바깥 온도는 체온보다 높아서 하품을 해도 오히려 두뇌가 더 뜨거워질 뿐이다. 그러다 보니 자기도 모르게 하품 횟수가 줄어든다.

외부 환경의 온도가 대뇌와 신체의 온도보다 낮을 때 하품을 하면 차가운 공기를 흡수하여 대뇌의 혈액을 냉각시켜 온도를 떨어뜨린다. 다시 말해, 하품은 대뇌를 맑게 해 주므로 새벽에 하는 하품은 커피 한 잔을 마시는 것과 같은 효과가 있다.

사람이 피곤할 때 하품을 하는 것은 신체가 피곤해지면서 대뇌 깊은 곳의 온도를 올려놓기 때문이다. 이때 하품을 하면 체온보다 낮은 공기를 흡수하여 대뇌의 온도를 떨어뜨릴 수 있다. 아침에 일어날 때 하품을 하면 정신이 맑아지는 것도 같은 원리다.

하지만 하품을 너무 자주 한다면 대뇌의 온도 조절 시스템에 문제가 발생해서 그런 것일 가능성도 있다. 예를 들어, 다발성 경화증 환자나 체온 조절이 잘 되지 않는 사람들은 연달아 하품을 하기도 하고 간질 환자의 경우 발작 증세가 일어나기 전에 쉬지 않고 하품을 한다. 또한 편두통 환자라면 편두통 증상을 예고하는 역할도 한다.

하품은 정상적인 신체 반응이지만 사람들은 일정한 방식으로 자신을 통제할 수 있으므로 '부적절한' 상황에서 하품하는 것을 피할 수 있다. 이럴 때는 코로 호흡을 하거나 시원한 물건을 이마에 대어 온도를 떨어뜨려 하품을 피해 보자.

사이가 좋으면 하품도 쉽게 전염된다

심리학자들은 실험할 때 왜 하품하는 사진이나 영상을 보여 줄까? 바로 남이 하품하는 모습을 보면 자기도 모르게 하품하게 되기 때문이다. 이러한 하품의 '전염' 현상은 다른 사람의 하품하는 모습에 감정이입을 한 결과다. 이런 '전염성'은 인류의 진화 과정에서 획득한 일종의 보호 기제다. 이는 집중력을 향상시켜 사람들이 항상 맑은 정신을 유지할 수 있게 해 준다.

동일한 실험을 친구 사이에서 진행하면 하품의 횟수는 더 증가한다. 이유는 간단하다. 친구 사이의 감정이 공감을 더 쉽게 이끌어내기 때문이다. 개를 키우는 사람들도 이런 감정을 느낄 수 있다. 주인이 하품을 하면 개도 따라서 하품을 한다. 이를 보고 개가 주인을 모방하는 것이라고 생각할지도 모른다. 하지만 연구에 따르면 개가 하품을 하는 것은 인간의 행동을 모방한 것이 아니라 주인의 감정이 전염된 결과다.

일반적으로 개는 인간에 대한 충성도가 높은 동물이라고 알려져 있다. 런던 대학교 연구팀은 개의 하품 전염성에 관한 실험을 진행했다. 실험에서 아츠시 센주Atsushi Senju 박사는 각기 다른 품종의 개 29마리를 대상으로 두 가지 실험을 했다. 실험은 개의 주인이 동행한 상태에서 진행되었으며, 29마리의 개는 연구원과 모르는 사이였다.

첫 번째 실험에서 연구원은 큰 소리로 하품을 하면서 계속 개의 눈을 바라보았다. 그는 5분 동안 쉬지 않고 하품을 했다. 반면, 두 번째 실험에서 연구원은 입을 크게 벌려 하품을 하기는 했지만 아무런 소리도 내지 않았다.

그 결과 큰 소리로 하품을 할 때 29마리 중 21마리가 따라서 하품을 했으며, 대조실험에서는 한 마리도 하품을 따라 하지 않았다. 또한 주인이 하품을 했을 때 개는 더 쉽게 전염되었으며, 연령과 성별은 결과에 전혀 영향을 미치지 않았다.

대화를 나눌 때 상대방이 당신을 따라 하품하는 이유는 졸려서 그런 게 아니다. 당신과의 대화가 따분해서 그런가, 하는 오해도 버려야 한다. 사실 하품한 사람은 당신의 생각보다 대화에 더 흥미를 느끼고 있다.

PART 5

외모가 말해 주는 비밀
외모의 심리학

못생긴 사람이
리더가 되기 쉽다

요즘 사람들은 잘생기고 예뻐야 모든 면에서 유리하다고 생각한다. 실제 연구 결과에서도 잘생기고 예쁜 사람이 연봉을 더 많이 받는 것으로 나왔다. 하지만 독특하게 생긴 사람이 리더가 된다는 말도 있다. 도대체 어느 쪽 말이 맞는 걸까?

많은 연구와 조사에 따르면, '대칭을 이루어야 아름답다'는 논리는 인간의 얼굴에도 적용된다. 대칭을 이루는 얼굴은 어느 나라, 어느 사회에서든 이성의 관심을 끌기 마련이다. 또한 이는 강한 성적 매력을 드러내며 건강과 장수를 상징하기도 한다.

독특한 외모가 더 경쟁력 있다?

대칭적인 외모를 가진 사람은 똑똑하고 능력 있다는 평가를 받으며 삶이 즐겁고 주변에 친구가 많다. 하지만 영국 아스톤 대학교의 칼 시니어Carl Senior 심리학 부교수는 사람들이 알고 있는 상식과 정반대의 연구 결과를 발표했다.

그는 실험을 진행했는데, 실험을 시작하기 전에 지원자의 손가락 길이, 손목 너비, 좌우 귀 길이 등을 측정하고 대칭 정도를 평가했다. 그런 뒤 먼저 실험에서 지원자에게 주로 리더십에 관한 설문지를 작성하게 했다.

이후 지원자를 팀별로 나누고 자동차 판매를 완료하는 미션을 주었다. 이때 리더 선정은 팀원들이 직접 선발하도록 했다. 그 결과, 비대칭적인 외모를 가진 리더는 팀원들에게 높은 평가를 받았으며, 자동차 판매에서도 좋은 성적을 거두었다. 그리고 비대칭적인 외모를 가진 리더가 이끄는 팀은 그렇지 않은 팀보다 20%나 높은 점수를 받았다. 즉, 비대칭적인 외모를 가진 사람이 유능한 리더가 될 가능성이 더 큰 것으로 나타난 것이다.

비대칭적인 외모는 대체로 사교형 리더십을 가지고 있다. 이런 사람들은 외모 탓에 타인의 인정을 받기 위해 두 배의 노력을 하기 때문이다. 사교형 리더십이란 소통과 격려를 통해 팀원들이 자발적으로 목표를 달성할 수 있도록 돕는 것을 말한다. 반대로 거래형 리더십은 상벌제도를 이용해 팀을 움직인다. 이런 리더십을 가신 리더는 독단적으로 행동하고 공포 분위기를 조성하는 편이다.

그리고 연구에 따르면, 정치 후보자의 외모는 유권자의 투표 의지에 영향을 미친다. 선거를 승리로 이끄는 결정적인 요소가 때로는 후보자의 정책 능력과 전략적 예측 능력이 아닐 수도 있다는 것이다. 대다수 유권자들은 자신의 이익과 관련된 게 아니면 정치에 깊은 관심을 두지 않기 때문이다.

프린스턴 대학교 심리학과의 알렉산더 토도로프Alexander Todorov 교수는 직감적으로 유능해 보이는 후보자가 선거에서 승리를 하며, 외모는 선거 결과에 실질적인 영향을 미친다는 사실을 밝혀냈다. 그는 실험 지원자들에게 2000년, 2002년, 2004년에 열린 미 상하 양원 선거 후보자 두 명의 사진을 보여 주고 '누가 더 유능한 정치인가'를 물었다. 즉, '얼굴 사진'만 보고서 정치인의 능력을 판단해 보라고 한 것이다. 그 결과, 지원자들의 답변과 실제 투표 결과를 비교했을 때 2000년 73.3%, 2002년 72.7%, 2004년 68.8%가 일치했다. 이처럼 유능해 보이는 외모를 가진 후보자가 선거에서 승리할 가능성이 크다. 유권자들은 겉보기에 더 유능한 후보자를 뽑기 때문이다.

영국 스털링 대학교 심리학과의 앤서니 리틀Anthony Little 교수와 연구팀은 실험을 통해 후보자의 얼굴과 정치적인 상황이 유권자의 투표 의지에 큰 영향을 미친다는 사실을 입증했다.

먼저 이를 증명하기 위한 첫 번째 실험을 호주, 뉴질랜드, 영국,

미국의 지난 선거 중 경선 경쟁자 아홉 팀을 대상으로 진행했다. 그리고 이들의 외모를 리버풀 대학교 교수들과 리버풀 거리의 행인들에게 보여 준 뒤 투표를 진행했다. 그렇게 진행된 모의 선거 결과를 집계해서 과거의 실제 선거 결과와 비교해 보았다.

결과는 놀랍게도 실제 선거 결과와 거의 일치했다. 즉, 사람들은 후보자의 얼굴에만 관심을 가진 것이다. 그들은 얼굴 생김새만 봐도 누가 당선되고 누가 낙선하는지 예측할 수 있었다.

두 번째 실험에서 연구팀은 전쟁 시기라는 변화된 환경이 얼굴에 대한 선호에 영향을 미치는지 알아보았다. 실험은 리버풀 대학교의 학생들을 대상으로 진행되었는데 연구원은 이 실험을 통해 매력, 통제력, 개성을 결정하는 요소가 무엇인지 찾아내고자 했다.

우선 연구원은 학생들에게 힘이 넘치고 카리스마가 있는 외모의 조지 W. 부시와 인자하고 지혜로우며 누구나 좋아할 만한 인상의 존 케리 후보자의 사진을 보여 주었다. 그리고는 전쟁 시기와 평화 시기라면 부시와 케리 중 각각 누구에게 투표할 것인지 물었다.

그 결과, 부시는 강한 리더로 여겨져서 전쟁 시기에 적합한 것으로 뽑혔다. 한편, 케리는 평화 시기의 리더로 뽑혔다. 즉, 리더를 뽑을 때, 얼굴형에 대한 평가는 사람마다 각기 다를지라도, '정세

의 변화'가 리더의 얼굴형을 선택하는 데 직접적인 영향을 미친다
는 사실을 알 수 있었다. 이처럼 유권자는 선거에서 다양한 요소의
영향을 받지만, 후보자에 대한 정보를 자연스럽게 하나의 요소로
단순화시킨다. 예를 들면, '얼굴에 드러나는 표정'이다.

정치 선거에서처럼 얼굴이 결과에 영향을 미치는 현상은 기업
에서도 나타난다. 듀크 대학교와 미국 국가경제연구국NBER은 공
동 연구를 통해 CEO의 얼굴이 보통 사람들보다 더 유능하게 생
겼다는 사실을 밝혔다.

넓적 얼굴형 vs. 좁은 얼굴형

정당 리더와 기업 임원의 얼굴은 비교적 넓적한 편이다. 이는
사람들이 넓적한 얼굴을 가진 사람이 더 나은 미래를 보장해 주리
라 생각하기 때문이다. 얼굴의 너비를 결정하는 기준은 얼굴 종횡
비인데, 공식에 따르면 너비는 광대뼈 사이의 거리이며, 높이는
눈썹 아래부터 입술 위까지의 거리라고 한다. 그리고 일반적으로
얼굴 종횡비가 1.9 이상이면 넓적 얼굴형이고, 1.7 미만이면 좁은
얼굴형에 속한다.

연구에 따르면, 국회의원 선거에서 유권자들은 70%의 시간을
후보자의 사진을 보는 데 사용하며, 이를 바탕으로 누가 더 유능

해 보이는지를 판단한다고 한다. 그리고 일반적으로 사람들은 외모가 성숙하고 유능해 보이는 사람이 정치인으로 가장 적합하다고 생각한다. 예를 들면, 얼굴이 넓적한 사람은 기업가나 정치인으로 성공할 확률이 높다.

하지만 얼굴이 넓적한 남성은 공격성이 강하고 사소한 이유로 보복을 감행하기도 한다. 또한 스스로 강하고 힘이 세다고 생각해서 더 호전적으로 행동한다.

캐나다의 한 심리학 연구에서도 위와 같은 사실을 입증했다. 부록 대학교Brock University의 셰릴 맥코믹Cheryl McCormick 교수와 연구팀은 인터넷으로 대학 필드하키 선수와 프로 선수들의 사진을 수집했다. 필드하키 선수를 선택한 이유는 경기에서 골을 넣기 위해 경쟁하는 선수들은 합리적으로 폭력을 휘두를 수 있어서다. 그 결과, 선수들의 얼굴 종횡비를 측정해 보니 얼굴이 넓적한 선수일수록 공격을 잘했고, 재판에 회부된 횟수도 많았다. 반대로, 얼굴이 좁은 남성은 비교적 온화한 성격을 지녔다.

또한 얼굴이 넓적한 남성의 타액에 포함된 테스토스테론 수치가 더 높았다. 이처럼 테스토스테론 수치가 높은 남성은 키가 크고 건장한 체격을 가졌으며 넓적한 얼굴일 가능성이 크다.

2009년 맥코믹 연구팀은 지원자들에게 종횡비가 제각각인 남성들의 얼굴 사진을 보여 주고, 최저 1점부터 최고 7점까지 그들의 '공격성'을 평가하게 했다. 이때 연구팀은 사진 한 장당 2.39초 정도 보여 주었는데, 사람들은 0.39초 만에 남성들의 공격성을 정확하게 판단했다. 이러한 실험으로 남성의 공격성은 얼굴 종횡비와 밀접한 관계가 있다는 사실이 다시 한번 입증되었다.

스코틀랜드 세인트앤드루스 대학교의 수석연구원 마이클 스터랫Michael Stirrat 역시 얼굴이 넓은 남성은 자신의 이익을 위해 남을 이용할 가능성이 크고, 광대뼈가 좁은 남성일수록 신뢰할 수 있다는 사실을 밝혔다.

실제 실험에서 연구원은 각 지원자에게 남성의 얼굴 사진이 차례대로 돌아가는 슬라이드를 보여 주고, 빠른 시간 안에 그중에서 누구를 파트너로 삼을지 결정하도록 했다. 그 결과, 광대뼈가 좁은 사람을 파트너로 선택한 사람들이 많았다. 이는 얼굴이 좁은 사람에 대한 신뢰도가 높다는 사실을 말해 준다.

얼굴만 봐도
마음을 꿰뚫어 볼 수 있다

사람들은 겉모습으로 성격과 심리 상태를 추측해 보곤 한다. 예를 들어 안경 쓴 얼굴에 이마가 튀어나온 사람은 똑똑해 보이고, 수염이 긴 사람은 친절하고 우호적이며 지혜로워 보이지만 얼굴과 눈이 비대칭적이면 불성실해 보인다고 평가한다.

얼굴형으로 성격을 알 수 있을까?

동양에서는 '대칭을 이루어야 아름답다'고 생각한다. 즉, 얼굴이 예쁘다는 말은 비율이 좋고 대칭을 이룬다는 뜻이다. 또한 못생긴 사람은 불성실하고 비도덕적일 것이라고 생각한다. 그리고 높은 세금이나 벌금에 개의치 않고 제멋대로 행동하며, 사치품을 좋아한다고 평가받기도 한다. 그렇다면 이런 생각은 전혀 근거 없는 주관적인 추측일까, 아니면 신뢰할 만한 본능적인 반응일까?

토도로프 교수의 연구팀은 외모에서 풍기는 공격성으로 성격을 파악할 수 있다고 말했다. 연구팀은 지원자에게 여러 얼굴의 사진을 보여 주고 평가하게 했다. 분석에 따르면, 사람들은 얼굴을 평가할 때 신뢰도와 풍기는 기운을 주로 보았는데 입꼬리가 올라가고 놀란 눈을 가진 사람은 의존적인 성향이 강할 것이라 평가했고, 입꼬리가 내려가고 브이V 눈썹을 가진 사람은 남을 잘 믿지 못할 것이라 평가했다. 흥미로운 점은 신뢰도가 높은 얼굴은 기분이 좋아 보인다는 평가를 받았고, 신뢰도가 낮은 얼굴은 화가 나 있다는 평가를 받았다는 사실이다.

외모로 사람의 성격을 판단하는 것은 인간의 진화 과정에서 얼굴의 특징과 표정으로 타인의 생각을 파악하고 상대가 나를 공격할 능력이 있는지 가늠해 보는 데서 시작되었다.

그렇다면 이렇게 인류의 진화 과정에서 형성된 외모로 성격을 판단하는 능력은 얼마나 정확할까? 영국 하트퍼드셔 대학교 심리학과의 리처드 와이즈먼Richard Wiseman 교수는 이에 관한 연구를 진행했다. 그는 열성 독자들을 초청해 자신들의 정면 사진을 보여 주고 행운의 정도, 유머감각, 사회성, 신뢰도에 관한 온라인 성격 검사를 진행했는데 1,000여 명의 독자들이 이 조사에 참여했다.

그런 다음 연구원은 성격 검사 점수에 따라 사진을 분류해 컴퓨터 그래픽으로 합성사진을 만들었다. 그리고 각각의 개성을 대표하는 합성사진을 인터넷에 올려 네티즌의 평가를 받았다. 그 결과, 그들은 여성의 얼굴은 다소 정확하게 분석했다. 실제로 70% 이상이 행운을 부르는 얼굴을 정확히 식별해냈고, 73%는 사회성 있는 얼굴을 알아봤으며, 54%는 신뢰할 수 있는 얼굴을 알아맞혔다.

외모가 뛰어난 사람이 더 성공하는 이유

외모가 뛰어난 사람은 장점이 많다. 실제로 준수한 외모의 후보자는 선거에서 승리할 확률이 56%나 되지만, 그렇지 않은 후보자는 44%에 불과했다.

택사스 대학교 경제학과의 대니얼 해머메시Daniel Hamermesh 교수는 저서 『미인 경제학Beauty Pays』에서 아름다운 사람이 사업에 성공하고 더 많은 재산을 축적할 가능성이 높다고 밝혔다. 그는 미국에서 아름다운 사람들이 추남추녀보다 평생 23만 달러US를 더 벌고, 보통 외모를 가진 직장인은 14만 달러를 더 번다고 추산했다.

공정한 사법기관에서도 잘생기고 예쁜 범죄자에게 가벼운 처벌을 내리는 경향이 있다. 또한 외모가 뛰어난 용의자는 배심원의 동정을 사기도 쉽다.

영국 배스스파 대학교Bath Spa University 심리학과의 샌디 테일러 Sandie Taylor 교수는 법정 배심원에게 모의 강도 사건에 관한 보고를 하고, 두 그룹으로 나누어 용의자의 사진을 보여 주었다. 이때 첫 번째 그룹에는 잘생긴 용의자의 사진을 보여 주고, 두 번째 그룹에는 못생긴 용의자의 사진을 보여 주었다. 그렇게 보고와 사진 확인이 끝난 뒤 배심원들은 피고가 무죄인지 아닌지 판결을 내려야 한다.

실험 결과, 동일한 사건인데도 배심원 그룹 중 잘생긴 용의자의 사진을 본 그룹은 피고에게 무죄 또는 가벼운 처벌을 내렸다. 반면 두 번째 그룹의 못생긴 외모의 사진을 본 경우는 중벌을 내렸다. 실제로도 이런 편견 때문에 못생긴 범죄자는 잘생긴 범죄자보다 가석방될 기회도 더 적다.

아름다운 사람은 이기적이다?

그렇다고 아름다운 사람이 늘 호감을 사는 건 아니다. 그들은 종종 이기적이고 거만하기 때문이다. 그리고 남들과 협력하길 싫어하며, 자신이 좋아하는 것에만 관심을 가진다. 이는 멋있고, 예쁘게 생긴 사람들은 쉽게 자기만족을 하며, 남들의 도움이 필요하지 않기 때문이다.

에든버러 대학교의 산티아고 산체스 페이지Santiago Sanchez_Pages

교수는 '죄수의 딜레마' 실험에서 지원자에게 '협조자'가 될지, '배신자'가 될지 선택하게 했다. '협조자'는 상대방과 협력해 더 큰 이익을 얻을 수 있고, '배신자'는 타인과 관계없이 자신에게 유리한 선택을 하는 것이다. 그 결과, 얼굴이 대칭을 이루는 사람은 대부분 '배신자'를 선택했다. 이들은 타인과 협력하는 것을 원하지 않으며, 타인의 협조를 기대하지도 않았다.

그렇다면 사회적·경제적 지위가 높은 사람들, 부자들은 정말 이기적일까? 카네기 멜론 대학교의 심리학자 타야 코헨^{Taya Cohen} 교수는 이기적이라는 평가를 듣는 리더일수록 강해 보인다는 연구 결과를 발표했다. 실제로 57%가 관대한 리더라고 평가한 사람은 나약한 모습을 보였고, 63%가 이기적이라고 평가한 사람은 강한 모습을 보였다. 즉, 겉으로 강해 보이는 사람일수록 리더십이 있다는 평가를 받는다는 것이다. 사람들은 더 많은 가치를 창출할 수 있는 강력한 리더를 원하기 때문이다. 과연 일상생활에서도 그럴까?

코헨 교수는 이기심과 리더 간의 관계에 관한 포괄적인 실험을 진행했다. 이 실험에서 연구원은 지원자의 성격 검사를 통해 이기적인 수준을 측정했다. 이후 지원자들은 독재자 게임을 끝내고 5분간 잡담을 나누며 서로를 파악하게 했다. 그리고 각자 리더를 선출하고 타인의 이기심과 강점에 관한 설문지를 작성했다. 그 결과, 성격 검사에서 이기적인 사람은 다른 지원자들에게도 이기적이라고 평가받았으며, 거의 표를 얻지 못했다. 그와 동시에 이기적인 사람은 매우 강한 모습을 보였는데, 이는 간접적으로 일부 표를 얻는 데 작용했다. 따라서 이기심이 투표의 최종 결과에 영향을 미치는지는 상황에 따라 결정된다. 만약 사람들에게 미움을 받지 않는 상황에서 이기적인 사람이 강한 모습을 보이면, 지나치게 관대하다고 평가된 사람이 오히려 약세에 처한다.

집단주의 문화에서 이기심은 쉽게 다른 사람의 머릿속에 각인되기 때문에 이기심에 기댄 리더십은 지양해야 한다. 특히 집단주의 문화는 권위와 복종을 강조하므로 이기적인 리더의 부하 직원들은 속으로 분노하더라도 겉으로는 티를 낼 수 없다. 하지만 위기가 발생하면 단순한 복종은 반발을 부른다. 이때 이기적인 리더는 쉽게 나락으로 떨어지게 된다.

여성들이 좋아하는
남성의 외모는?

    남성은 상대의 '얼굴'만 보고 결혼을 결심하는 경우가 많다. 그들의 사랑은 여성의 아름다운 얼굴을 바탕으로 시작되기 때문이다. 하지만 여성은 남성과 다르다. 여성은 남성의 재력이나 능력을 더 중요하게 생각한다. 그런 사례는 주변에서 쉽게 찾아볼 수 있다.

환영받는 얼굴형은 따로 있다?

    남성은 얼굴선이 강하고, 여성은 얼굴선이 부드러워야 매력적이라고 알려져 있다. 연구에 따르면, 남성은 확실히 부드러운 얼굴형의 여성을 더 좋아한다. 하지만 여성은 얼굴선이 강한 남성보다 부드러운 남성에게 더 매력을 느낀다.

뉴욕 대학교의 심리학자 크리스토퍼 사이드Christopher Said 교수는 얼굴의 매력은 강하거나 부드럽다는 두 가지로 간단히 말할 수 있는 것이 아니라고 했다. 그는 남녀가 동일한 비율로 구성된 대학생 그룹을 모집하고 어떤 얼굴이 더 매력적인지 알아보는 실험을 진행했다.

실험 결과, 남성은 부드러운 얼굴선과 두꺼운 입술, 커다란 눈을 가진 여성을 매력적으로 평가했다. 그리고 여성은 진한 피부에 부드러운 얼굴형을 가진 남성을 높게 평가했다. 또한 건강한 피부색을 가진 남성이 야성미 넘치는 남성보다 더 매력적으로 평가받았고, 특히, 구릿빛 피부를 가진 남성이 여성에게 가장 많은 관심을 끌었다. 이 같은 이성에게 매력을 느꼈을 때 여성의 뇌에서는 상대방 남성이 건강하고 생식 능력이 뛰어나서 대를 이을 가능성이 높다는 신호를 보낸다고 한다.

여성의 마음을 사로잡는 남성 유형

여성의 마음은 바다에 가라앉은 바늘처럼 잘 보이지 않고, 잘 잡히지 않는다. 그래서 남성은 마음에 드는 여성이 어떤 스타일의 남성을 좋아하는지 쉽게 알 수 없어 애를 태우는 경우가 많다.

영국 더럼 대학교 심리학과의 린다 부스로이드Lynda Boothroyd 교수와 연구팀은 실험을 통해 어릴 때 아버지와 친밀한 관계를 유지했던 여성은 성인이 되어 아버지를 닮은 남성을 배우자로 선택한다는 사실을 입증했다.

연구원은 여성들을 대상으로 나이, 교육 정도, 어릴 때 아버지와의 관계 등을 포함한 설문조사를 진행했다. 그리고 남성 얼굴 사진 15장을 보여 주며 점수를 매기고 가장 매력적인 남성의 사진 한 장을 뽑게 했다. 이후 매력적이라 느낀 남성의 얼굴과 여성들의 아버지 얼굴을 비교해 보았다. 그 결과, 딸과 아버지의 관계는 여성이 이성이나 배우자를 선택할 때 큰 영향을 미친다는 것을 알 수 있었다. 어릴 때 친밀한 부녀관계를 유지했던 여성은 아버지를 닮은 남성을 배우자로 선택한 것이다.

하지만 부녀관계가 보통이었던 여성은 그런 경향을 보이지 않았다. 이런 유형의 여성은 야성미 넘치는 남성을 좋아했다. 턱과 눈썹이 강하고 수염이 많으며, 테스토스테론 수치가 높은 남성을 선호했다.

그리고 여성들은 상황에 따라 적절한 남성을 선택하는데, 배란기나 짧은 관계를 원할 때는 야성미 넘치는 남성을, 결혼을 고려할 때는 부드러운 남성을 선호하는 경향도 보였다.

잘 웃지 않는 여성은 이혼할 가능성이 크다

배우자를 선택할 때 사람들은 상대방의 성적 능력 외에도 결혼생활을 얼마나 유지할 수 있는지를 알고 싶어 한다. 이혼하면 결혼할 때보다 더 큰 대가를 치러야 하기 때문이다. 하지만 겉모습만 보고 미래의 결혼생활이 성공할지 실패할지 예측할 수 있을까?

미국 드퍼 대학교의 매슈 헤르텐슈타인Matthew Hertenstein 교수와 연구팀은 실험에 참가한 지원자들의 대학 앨범을 보고 웃을 때 입꼬리가 얼마나 올라가는지, 눈가에 주름이 얼마나 잡히는지에 따라 10등급으로 나누어 보았다.

이후 그 결과를 지원자들의 결혼생활과 비교해 보니 크게 활짝 웃는 지원자 중에는 이혼한 사람이 거의 없었다. 그리고 웃음기가 전혀 없었던 지원자 중에는 25%가 이혼 경력이 있었다.

그리고 비슷한 연구로 55세 이상의 지원자를 대상으로 어릴 때 사진을 분석해 보았다. 그 결과 사진을 찍을 때 활짝 웃던 아이는 성인이 된 뒤 11%만이 이혼을 했고, 우거지상을 하던 아이는 성인이 된 뒤 33%가 이혼을 했다. 그 외에 다른 연구에 따르면, 사진을 찍을 때 웃지 않는 사람은 웃는 사람에 비해 이혼할 가능성이 다섯 배나 컸다고 한다.

웃는 얼굴은 긍정적인 인생관을 의미하며, 활짝 웃는 사람은 친구들에게 인기가 많다. 쾌활하고 낙관적인 두 사람이 만나 부부가 된다면, 결혼생활의 질은 올라가고 오랫동안 행복한 결혼생활을 유지할 수 있을 것이다.

그 밖에도 사진을 찍을 때 사진작가의 요구대로 미소를 보여 주는 사람은 순종적이며 낙관적인 편이다. 이런 부부는 갈등이 거의 없고, 결혼생활에 나타나는 문제들을 해결하기 위해 노력한다. 또한 낙관적인 성격 덕분에 주변에 친구도 많아 부부 사이에 위기가 발생한다고 해도 친구들의 격려와 도움으로 잘 극복할 수 있다.

지나치게 믿으면 기만당할 수 있지만,
충분히 믿지 않으면 고뇌 속에 살게 된다.
프랭크 크레인

사람은 경험에 비례해서가 아니라
경험을 수용할 수 있는 능력에 비례해서 현명해진다.
제임스 보즈웰

더 이상 상황을 바꿀 수 없을 때
우리는 자신을 바꾸어야 하는 도전을 받는다.
빅터 프랭클